MW01173698

EL AUTOR

Felipe A. Argote es economista. Posee un posgrado *magna cum laude* en docencia superior, maestría *suma cum laude* en Administración de Empresas con énfasis en Finanzas y estudios de doctorado en Administración de Negocios. Tiene una vasta experiencia como gerente de empresas y profesor de maestría en macroeconomía. Presidente por dos periodos de la Comisión de Entorno Macroeconómico y Finanzas Nacionales de la Asociación Panameña de Ejecutivos de Empresa (APEDE). Par nacional de la Comisión de Evaluación y Acreditación Universitaria CONAEUPA. Ha publicado

- *La Privatización del INTEL*
- *Historia de la Economía*
- *Cuarto Oscuro*
- *Globalización*
- *Un Experimento Llamado Tierra*
- *Finanzas para Empresarios*

Publica su página web en donde escribe artículos de economía, literatura y cultura general: www.elblogdefelipeargote.net

Presenta en YouTube su programa

en el canal *"economía 101"*

Todas las publicaciones de venta en Amazon.com

CRISIS
DEL SEGURO SOCIAL

SEGUNDA EDICIÓN

FELIPE ARGOTE

DaJa Ediciones
2021

CRISIS DEL SEGURO SOCIAL

FELIPE ARGOTE

DAJA EDICIONES:

DANIEL ERNESTO ARGOTE VÁSQUEZ

JAHIR ALEXANDER ARGOTE GERALD

PANAMÁ

2021

www.elblogdefelipeargote.net

En YouTube economía 101

A mis hijos

Daniel Ernesto Argote Vásquez

Jahir Alexander Argote Gerald

A mi esposa

Carmen Luzmila Gerald Barría

Agradezco a todos y a todas aquellas personas que me han brindado información y comentarios de la primera edición de este aporte cuyo objetivo es dar en retribución al país lo mucho que me ha dado para lograr mis metas, ya que me brindó una educción que yo por mi cuenta no hubiera podido pagar.

Agradecido a mis estudiantes de maestría del curso de Análisis del Entorno por el esfuerzo permanente de análisis y elaboración, siempre con la perspectiva de aportar en el mejoramiento del país.

PREFACIO A LA SEGUNDA EDICIÓN

Entre el año 2025 y el año 2032 la Caja de Seguro Social tendrá que desembolsar, sin tener un solo centavo en reserva, 23,920 millones de dólares en pensiones a los jubilados del Sistema Solidario o de Beneficio Definido.

Esto es más del 30% del Producto Interno Bruto (PIB) del país en 2017. Si se gastara todo el presupuesto estatal del año 2017 en pagar este monto, faltarían aun 2,000 millones de dólares para cubrir el déficit.

La actual crisis del sistema de pensiones surge porque en 2006 se dividió el programa de Invalidez, Vejez y Muerte en dos sistemas: el Sistema Solidario y el Sistema Mixto y no se tomaron las medidas para cerrar el círculo de los que quedaban desamparados en el viejo sistema.

Mientras en el Sistema Mixto están los asegurados de menos de 48 años, en el Sistema Solidario también llamado de Beneficio Definido, se abandonó a su suerte a miles de cotizantes que han aportado toda su vida al Seguro Social, pero sus aportes se los gastaron los actuales jubilados, muchos provenientes de las jubilaciones especiales.

Los beneficiarios de las jubilaciones especiales se retiraron con menos de 50 años, algunos a los 43 años y han cobrado, a veces del Estado, la mayor parte del Seguro Social, un monto mensual igual a

13

su último salario, durante muchos más años de lo que aportaron. Eso a pesar de que tributaron menos del 10 por ciento de su sueldo.

Los beneficiarios de las jubilaciones especiales eran enfermeras, maestros, bomberos, policías, profesores, todos empleados públicos que defendían la tesis que por su tipo de trabajo se merecían un trato especial, que consistía en retirarse luego de 25 años de servicio con su último salario. De estos aún tienen este privilegio policías y bomberos.

El Sistema Mixto en este momento no está en crisis, pero cuando los cotizantes de este sistema se percaten de las escuálidas que serán sus pensiones, seguro se abrirá un estallido social.

Para un asalariado inscrito en el Sistema Mixto, la cotización proveniente de los primeros 500 dólares de su salario se van al Sistema Solidario y el resto se deposita en una cuenta individual. Del salario de cada cotizante se destinan 13.50% al fondo de pensiones. Por tanto, un cotizante del Sistema Solidario, si tiene un salario de 1,000 dólares destinara $135.00 mensuales al Sistema Solidario. En cambio, un cotizante del Sistema Mixto con el mismo salario, destinará $67.50 al Sistema Solidario y el resto, 67.50 dólares al Sistema Mixto, su depósito personal.

Si en el futuro próximo las esperanzas de vida alcanzan los 82 años y la edad de jubilación es de 62 años, un cotizante del Sistema Solidario que ha poseído un salario de 1,000 dólares mensuales durante 20 años, esto es 240 cuotas, cobrará al momento de su jubilación, en términos generales, el 60% de este salario o sea 600 dólares. Un cotizante del Sistema Mixto en similares condiciones de salario, recibirá entonces el 60% de lo aportado al Sistema Solidario, esto es 300 dólares, más lo correspondiente al Sistema Mixto, que es justo su aporte individual de $67.50 mensuales para una jubilación total de $367.00 mensuales. Esto más los intereses de su cuenta individual, que al momento de su jubilación tendrá un monto de $16,200 dólares.

Un asalariado con 5,500 dólares mensuales que aporte por 20 años 240 cuotas, si se jubila a los 62 años con una esperanza de vida en aquel momento de 82 años, recibirá igual 300 dólares mensuales del Sistema Solidario y $667.50 dólares del Sistema Mixto para un retiro total de $967.50 dólares. Esto, más los intereses que genere su cuenta individual que al momento de su jubilación tendrá 162,000 dólares. Esto es el 18% de su salario al momento del retiro.

Adicionalmente, en el Sistema Mixto, al elevarse la esperanza de vida, el jubilado recibirá la noticia que su pensión mensual no solo no subirá para cubrir la inflación, por el contrario, lo más probable es que disminuya, al momento de la elevación de la expectativa de vida, registrada por el Instituto Nacional de Estadística y Censo (INEC), porque vivirá más años y el dinero no se incrementa, ya que el interés de su depósito ya fue calculado al momento de establecer el monto de su pensión.

Por supuesto que, si se utilizan medidas paramétricas, o sea que se eleva la edad de jubilación, la cantidad mínima de cuotas o el porcentaje del salario transferido, estas cuantías varían, mitigadas por la elevación de las cuotas y la reducción del tiempo viviendo de ellas. Eso sería la respuesta inmediata a la crisis si se hubiera tomado la medida a tiempo, pero hoy, si los próximos jubilados desembolsan tres años más de cuotas, no habría mayor cambio, pues sus depósitos de los anteriores 20 años se los consumieron los actuales jubilados.

En todo el mundo recorre el fantasma de la crisis de las pensiones. En Chile, decenas de miles se movilizan en las calles de Santiago debido a la baja tasa de sustitución de las pensiones que se elevan a tan solo el 35% del salario, debido a que los cálculos iniciales que prometían bonanza a los jubilados estaban basados en una edad de jubilación de 65 y esperanza de vida de 70 años. Por supuesto si se trabajaba toda la vida y el fondo se utilizaba en tan solo cinco años, los salarios de los jubilados debían ser espectaculares. Pero la realidad es que la esperanza de vida en 1982, cuando se hicieron los cálculos, se movió hacia arriba desde los 70 años calculados a los 82 años actuales. Eso puso en crisis el sistema debido a la baja tasa de sustitución.

En España y los países desarrollados en general las grandes movilizaciones solicitan una elevación de las pensiones para obtener una "pensión digna". Esto a pesar de que los gobiernos europeos invierten el 12% del PIB en pago de pensiones.

En Estados Unidos, contradictoriamente, en 2012 el porcentaje del salario dedicado a jubilación se redujo en un 2% para activar la economía. Ya se volvieron a subir los aportes. La crisis de las pensiones en Estados Unidos se espera que se efectúe en 2032.

En Nicaragua, recientemente murieron 50 personas en protestas por ajuste en los cálculos paramétricos y reducción en los desembolsos a los jubilados establecidos unilateralmente por el gobierno.

En esta publicación entregamos la información disponible para hacer conciencia de la gravedad de la situación del programa de Invalidez, Vejez y Muerte de la Caja de Seguro Social, pero a la vez suministramos una propuesta específica a la solución del Sistema Solidario y otra de ajuste al Sistema Mixto que estamos convencidos que puede resolver el problema sin mayor trauma.

Imposible escribir sobre la Caja de Seguro Social sin mencionar la situación preocupante de los otros programas que conforman el Sistema de Seguridad Social, en especial del Programa de Enfermedad y Maternidad. Esto porque adicional al escándalo de sobrecostos y graves problemas técnicos de la llamada "Ciudad de la Salud" cuyo nombre inicial fue "Ricardo Martinelli", denominada por la Junta Directiva antes de su construcción mientras el expresidente ocupaba el cargo. Esto es una demostración de la dependencia de la Junta Directiva de la Caja con el poder ejecutivo.

Ahora, nuevamente encontramos un desfalco multimillonario, esta vez, según las autoridades, de más de 300 millones de dólares. Esto se suma a una larga lista de escándalos que inician en la década del 80 del siglo pasado, con el programa de construcción de viviendas por parte de la institución de seguridad social, que se quedaba con la segunda partida del décimo tercer mes supuestamente para fomentar la construcción de viviendas. Hace pocos meses nos enteramos de las coimas pagadas para firmar el contrato del programa informático SAP con el Seguro Social.

En todos estos escándalos, al momento de la publicación de este libro, no existe una sola declaración de culpabilidad ejecutoriada por tribunal competente de un solo involucrado en estos escándalos de corrupción.

La crisis mundial provocada por la pandemia del coronavirus acelera los tiempos y nos obliga a tomar decisiones por adelantado. En el caso del Seguro Social estas decisiones ya no es posible adelantarlas porque debieron tomarse desde 2005 con la Ley 51. Sin embargo, los responsables de esto prefirieron dejar pendiente este problema primario por temor a consecuencias políticas.

Ahora nos encontramos al final del camino y ya no es posible hacer nuevas posposiciones. Las propuestas de resolución del problema son las mismas a pesar de que el mundo ha evolucionado quince años desde la última vez que nuestro país discutió sobre el tema. La única propuesta diferente es dividir la Caja de Seguro Social en dos instituciones, lo que resulta sorprendente viniendo de gremios de la empresa privada que han insistido consecutivamente en la necesidad de reducir la burocracia. La división en dos instituciones duplicara directores, subdirectores, asesores, conductores y guardaespaldas duplicando por ende la burocracia.

El tipo de Seguridad Social y en especial el sistema de pensiones depende de la filosofía de país que tenemos el cual se relaciona con el modelo económico que decidimos como sociedad. A mi juicio el modelo de Seguro Social debe basarse en cinco criterios fundamentales.

1. La sociedad está obligada a brindar a sus adultos mayores una vida digna
2. Las nuevas generaciones deben abonar una aparte de los activos que reciben de las generaciones anteriores.
3. El sistema debe incluir un espacio para el esfuerzo individual adicional de quien quiere y puede mejorar su pensión.
4. La sociedad no debe subsidiar con desembolsos a jubilados de altos ingresos

pagándole más allá de sus aportes más intereses

5. La jubilación es un retiro del trabajo activo aunque una persona jubilada puede trabajar en horarios o actividades parciales.

Espero que este documento sirva de material adicional a otros aportes, a fin de resolver este espinoso problema que los gobiernos han preferido ignorar a fin de evitar el costo político de una decisión impopular. Este costo político no sería necesario si se observan alternativas realistas pero creativas y no solo la simplicidad de proponer ajustes paramétricos.

CONTENIDO

I.   ANTECEDENTES

La Génesis del concepto de seguridad social surge en Alemania en el año 1883 con la "Ley del Seguro de Enfermedad" desarrollada por el canciller Otto Von Bismarck durante el reinado de Guillermo I.

En Panamá, las primeras leyes de seguridad social surgen en 1916 con la ley 17 que dicta medidas de protección al trabajador en relación con accidentes de trabajo. Luego, en 1920, se establece mediante ley un subsidio para las enfermeras del Hospital Santo Tomas en tiempos en que el hospital aún se encontraba en avenida B, ya que el actual fue inaugurado en avenida Balboa en 1924. Justo en ese año, 1924, la ley 66 brinda jubilaciones y subsidios a los policías y la ley 9 establece un sistema de jubilación para los trabajadores de la empresa de telégrafos.

Dos años después, se establece la ley 65 que da beneficios a los trabajadores del Banco Nacional, fundado en 1904. En 1930, la ley 23 otorga subsidio de maternidad a las empleadas públicas y ese mismo año se otorga subsidio de maternidad a las maestras.

Un año más tarde se da cobertura de retiro a los empleados del comercio y en 1935 a los empleados públicos. Esta última ley establece por primera vez el financiamiento del retiro mediante fondos específicos y un sistema de beneficio definido.

Estas leyes individuales daban beneficio solo a sus beneficiaros o sea que no existía un régimen general de pensiones. Los aportes eran del ˥ ˉ% del salario y sus beneficiarios debían cump   J años de trabajo con el mismo patrono y cumplir 60 años en caso de empleados de empresas privadas del comercio y la industria, mientras en el caso de los empleados públicos debían serlo por 20 años y tener 60 años, igualmente. En esa época los trabajadores estaban protegidos en cuanto atención médica solo a causa de accidentes en el ejercicio de sus funciones.

Estas legislaciones que establecen jubilaciones tendrán resultado efectivo a futuro, es decir después de 20 años, cuando los beneficiarios tuvieran 60 años edad al momento de ejecutarlas. Al llegar ese momento los gobiernos aducían no contar con el presupuesto ya que, como vemos, no eran autofinanciables y por tanto se evadía el pago del beneficio.

En 1941, mediante ley 23, se crea la Caja de Seguro Social como la conocemos actualmente, mientras gobernaba Arnulfo Arias Madrid, cuya presidencia duro tan solo un año.

A partir de esa ley se unifica el sistema de seguridad social, aunque solo abarca las ciudades de Panamá y Colón, por lo cual no incluye en ese momento a los trabajadores agrícolas. En 1954 se incluyen mediante la ley 14 los distritos de David, Barú, Bocas del Toro, Chitré, Santiago y Natá, cabeceras de provincias y lugares en donde ya se habían instalado transnacionales agrícolas.

En 1962 se inaugura el Hospital General de la Caja de Seguro Social en la vía transístmica.

En la década del setenta, durante el régimen militar, la Caja de Seguro Social incorpora la cobertura obligatoria de riesgos profesionales a los trabajadores incluyendo las zonas bananeras. Es en esta época en que se crean las jubilaciones especiales para una gran cantidad de empleados públicos, quienes se jubilaban al cumplir 25 años de servicio y adicionalmente se retirarán con el ultimo sueldo. Esto supuestamente financiado con un 2% de aporte adicional para cubrir el llamado Fondo Complementario de Prestaciones Sociales para los Servidores Públicos (FCPSSP).

En 1975, en medio de la lucha por la reversión del canal, el país era regido por un gobierno militar de facto, que sin embargo contaba con un nivel de apoyo popular por medidas como la reforma al Código de Trabajo y el decimotercer mes, entre otras. Procurando mantener el apoyo popular tras tres años seguidos de desaceleración económica, promulga el 31 de marzo la ley 15 que crea las jubilaciones especiales para los empleados del órgano judicial, bomberos, policías, educadores, administrativos del Ministerio de Educación, empleados de correos y telégrafos, enfermeras, auxiliares, funcionarios del Ministerio Público y empleados del Banco Nacional.

En la mayor parte de los casos bastaba con 25 años de servicio para jubilarse con el último salario.

Un cálculo matemático elemental, a sabiendas que el último salario nunca es igual al primero, pero suponiendo que lo sea, en aquella época en que los aportes eran menos del 10% y suponiendo que con el 2% más el 0.3% que aportaba el estado ese aporte llegara al 10% del salario, un funcionario público que trabajara 25 años habría aportado el 10% de esos 25 años lo cual dará para 2.5 años de jubilación. Si inicia como maestro o policía a la edad de 18 años, al graduarse de secundaria se podrá jubilar con 43 años. Entonces el monto de su aporte se acabará cuando cumpla 45 años y seis meses. Máximo sumando intereses a los 47 años. Sin embargo, los que lograron jubilarse a esa edad, han cobrado del estado primero y luego del Seguro Social, o sea de las generaciones posteriores, así como de muchos asegurados de su misma generación que tuvieron que aportar hasta los 62 años, en suma, no menos de 30 años de su último salario, siendo que la esperanza de vida promedio en Panamá es de 79 años.

En 1990, entrando ya un grupo de jubilados especiales y calculando la insostenibilidad de este sistema, mediante decreto de gabinete se toma la medida de establecer como tope máximo 1,500 dólares mensuales. Esto no resuelve el problema, por supuesto.

En el año 1991, se modifica la ley orgánica de la Caja de Seguro Social, se sube la edad de jubilación de 60 a 62 años los hombres y de 55 a 57 años las mujeres. Igualmente se eliminó a partir de 1993 la mayor parte de las jubilaciones especiales, ya que quedaron exceptuados policías y bomberos.

Hasta 1997 los ingresos del Fondo Complementario de Prestaciones Sociales para los Servidores Públicos (FCPSSP), ese 2% adicional para cubrir las jubilaciones de este grupo de empleados públicos había recibido 305.5 millones de dólares y ya había desembolsado 641 millones de dólares. Este déficit fue cubierto con fondos del Estado con lo que el resto de los ciudadanos pagaron por esta inequidad. Sin embargo, para el siguiente año 1998 se necesitaban 344 millones de dólares adicionales para cubrir las jubilaciones especiales que se habían otorgado desde 1975, cuando no se requerían desembolsos porque los funcionarios estaban en ejercicio. Ya para finales de siglo estos funcionarios públicos gozaban de su retiro, a pesar de que muchos no llegaban a la edad de 50 años.

Ante esto, en 1997 se promulga la ley 8 que establece el SIACAP, Sistema de Ahorro y Capitalización de Pensiones para Servidores Públicos. Con esta ley el fondo se transforma en individual para complementar mediante el ahorro personal el monto de la jubilación del sistema definido. Sin embargo, nuevamente se deja el privilegio a policías y bomberos. En el año 2,000 se crea el PRAA, Plan de Retiro Anticipado Autofinanciable para los educadores, a fin de jubilarse antes que el resto de los cotizantes mediante un fondo propio, no individual sino solidario.

En 2006, luego de al menos dos años de déficit en el sistema de pensiones se promulga la ley 51 que modifica el régimen de seguridad social y crea dos sistemas de pensiones: El Sistema de Beneficio Definido o Solidario, que es el que existía hasta el momento y aparece el nuevo Sistema Mixto.

Al establecer la ley 51 que las nuevas generaciones estarían inscritas en un nuevo sistema, no tomó en cuenta que toda la generación de los que tenía más de 35 años seguiría pagando al Sistema Solidario, pero no tendrían a los de la siguiente generación depositando en la cuenta. Por tanto, este grupo de asegurados quedarían desamparados al momento de su jubilación.

II.   ADMINISTRACIÓN

La Caja de Seguro Social es regida mediante la Ley 51 de 27 de diciembre de 2005.

Actualmente la Caja de Seguro Social esta administrada por una Junta Directiva formada por los siguientes miembros:

- El Ministro de Salud
- El Ministro de Economía y Finanzas
- Un representante de los profesionales y técnicos de la salud
- Tres representantes de los empleadores
- Cuatro representantes de los trabajadores
- Un representante de los jubilados
- El Contralor General de la República con derecho a voz

La Junta Directiva elegirá de entre sus miembros un presidente y un vicepresidente, mediante el voto afirmativo de seis de sus miembros. El presidente y el vicepresidente de la Junta Directiva serán elegidos para un periodo de veinte meses, y no podrán ser reelectos para el mismo cargo, dentro del periodo para el que fueron nombrados. El vicepresidente reemplazará al presidente en sus faltas temporales; en ausencia de ambos, presidirá uno de los miembros elegidos para tal fin por seis miembros de la Junta Directiva. **Artículo 29**.

El Director General es el representante legal de la Institución y el responsable de la administración, funcionamiento y operación de la Caja de Seguro

Social, de acuerdo con lo dispuesto en esta Ley y los reglamentos que se dicten en el desarrollo de ella, a fin de que la Caja de Seguro Social cumpla con sus objetivos de una manera segura, continua, eficiente, rentable y transparente. Artículo 22

El Director General será nombrado para un periodo de cinco años, de una nómina de tres candidatos, que surgirá de un concurso convocado por la Junta Directiva, aprobada por un mínimo de ocho de sus miembros, y presentada por esta Junta al Órgano Ejecutivo. El procedimiento para el concurso será reglamentado por la Junta Directiva. Los miembros de la Junta Directiva no podrán ser integrantes de la propuesta de la cual se nombrará al Director General. Esta propuesta única será confeccionada entre el 1 y el 31 de julio por la Junta Directiva, al inicio de cada periodo presidencial. De no existir consenso sobre la propuesta única en la Junta Directiva, el Órgano Ejecutivo podrá nombrar al Director General de entre los concursantes. El Órgano Ejecutivo deberá nombrar al Director General entre el 1 y el 31 de agosto, sujeto a la ratificación de la Asamblea Nacional. El director designado tomará posesión el 1 de octubre. **Artículo 35**

La Caja de Seguro Social cuenta con cuatro programas

- El programa de Invalidez Vejez y Muerte financiado con el 13.5% del salario

- El programa de Enfermedad y Maternidad: Financiado por el 8% del salario
- El programa de Riesgos Profesionales financiado con el 0.5% del salario
- El programa de Administración financiado con un monto igual al 0.8 por ciento de las cotizaciones, pagado por el estado.

Cada programa recibe fondos por separado y no pueden transferirse fondos de un programa a otro.

III. LEY 51 de 2005

En diciembre de 2005, con la ley 51 de 27 de diciembre, se modificó por última vez la ley orgánica de la Caja de Seguro Social. En esta ley se elevan las cotizaciones mediante un calendario de aumentos anuales y se crean dos sistemas de pensiones: el llamado Sistema de Beneficio Definido o Solidario, el mismo que existía en ese momento y se crea uno nuevo: el Sistema Mixto.

Desde ese momento, en términos generales, los asegurados que tienen más de 49 años en el año 2020 siguen en el Sistema Solidario (llamado de beneficio definido), los asegurados que tienen menos de 49 años están en un sistema creado por los ideólogos de la ley 51 en el año 2006. Este es un sistema que combina una parte de aporte al Sistema solidario y el resto se deposita en una cuenta personal, esto es un fondo individual. Este sistema, novedoso para el momento, se le denominó Sistema Mixto. Para ser parte de este sistema se debía tener menos de 35 años e inscribirse antes del 31 de diciembre de 2006 o bien entrar al sistema luego de esa fecha.

En general, del salario de los colaboradores de las empresas para efectos contables, una parte se le reduce del salario y el resto lo aporta el patrón. Para efectos prácticos todo es carga laboral.

El elemento fundamental para que la Caja de Seguro Social saliera de la crisis financiera de 2005 no fue la división en dos sistemas del

Programa de Invalidez Vejez y Muerte. Fue el aumento de las cuotas. Según la Ley 51 las cuotas tanto de empleadores como de trabajadores se fueron elevando paulatinamente.

Hasta diciembre de 2007 los empleados pagaban 7.25% de su salario, luego el 1 de enero de 2008 se elevó a 8% del salario. El primero de enero de 2011 se elevó nuevamente la cuota a 9% del salario y a partir de 2013 se elevó nuevamente a 9.75% del salario.

A los empleadores también se le elevó la cuota paulatinamente con la ley 51. De 10.75% del salario que se estableció la cuota en 2006, se elevó a 11.50% a partir del primero de enero de 2008. Luego se subió a partir del 2011 a 12% y finalmente el primero de enero de 2013 se elevó a 12.25. Como vemos en el periodo entre 2006 y 2013 se elevó la participación de los trabajadores en 2 puntos y medio y la de los empleadores en un punto y medio desde la vigencia de la ley.

Eran momentos de gran crecimiento económico así que la población ni siquiera se inmutó con los aumentos en la cotización que adicionalmente gravaba gastos de representación, comisiones, etc.

Actualmente del total del salario, un 22% se entrega a la Caja del Seguro Social. De este el 9.75% se descuenta del salario del trabajador y la empresa paga el 12.25% restante. Los trabajadores independientes deben pagar el 13.5% de sus ingresos.

Adicionalmente, la empresa deberá costear 10.75% de lo que paga al empleado por concepto de décimo tercer mes y el trabajador debe pagar con su salario de lo recibido por este concepto 7.25%. Adicionalmente el estado debe pagar el 0.8 por ciento de los sueldos de los asegurados.

Los cuatro programas anteriormente enunciados se financian de la siguiente manera:

- El programa de Administración se financia con 0.8 por ciento de los sueldos de los asegurados que es el aporte del estado
- El programa de Enfermedad y Maternidad se financia del 8% de los salarios
- El programa de Riesgos Profesionales es financiado con el 0.50% de los salarios
- El programa de Invalidez Vejez y Muerte es financiado con el 13.5% salarios

Lo más importante de esa ley es la creación del nuevo Sistema Mixto. Este Sistema Mixto debe aglutinar a los asegurados que en 2006 tenían menos de 35 años en general, sin embargo, deja en el viejo sistema a los mayores de 35 años en ese momento. Recordemos que en el Sistema Solidario todos los cotizantes entregan sus aportes a un fondo del cual se sacan los capitales para pagar a los jubilados. La esperanza es pagar con ese fondo a los actuales jubilados, pero que las generaciones posteriores paguen la jubilación de aquellos que en el futuro terminen su capacidad productiva. Al colocar una línea entre los mayores y menores de 35 años los que se quedaron en el viejo Sistema Solidario han pagado y siguen pagando al fondo del que se está retirando capital para pagar a los actuales jubilados. Al no tener una generación detrás que esté aportando a este fondo, los últimos asegurados de las generaciones del Sistema Solidario encontraran un saco vacío al momento de jubilarse. Esto ocurrirá con toda seguridad entre 2025 y 2027.

El desembolso en Jubilaciones y Pensiones en la Caja de Seguro Social representó 1,500 millones de dólares en el año 2017. Esto es nada menos que un 2.6% del Producto Interno Bruto (PIB) del país de ese mismo año.

Ya hemos afirmado que a partir de diciembre de 2005 existen dos sistemas de pensiones en Panamá. El viejo Sistema Solidario conocido como de Beneficio Definido y el nuevo Sistema Mixto, inaugurado en 2006.

Para ingresar en el sistema mixto en 2006 y años posteriores se debía ser menor de 35 años o entrar como nuevo cotizante en el sistema. Por tanto, nadie se va a jubilar en este sistema al menos hasta el 2027 las mujeres y 2032 los hombres, si no se modifica la edad de jubilación

Las edades de jubilación actuales son de 62 años para los hombres y 57 años para las mujeres, aunque se puede optar por un retiro anticipado a los 60 años los hombres y 55 años las mujeres renunciando entre 9 y 18 por ciento de sus ingresos a futuro. Como en Panamá es posible jubilarse y seguir trabajando, la práctica es que los trabajadores a esa edad no se retiran de sus empleos, pero si proceden a jubilarse, con lo que la jubilación se convierte solamente en un aumento en los ingresos. En otros países si un jubilado es encontrado trabajando, se le retira el pago de la jubilación sin más trámite. Muchos afirmarán que lo que le toca de jubilación es tan bajo que no pueden jubilarse y dejar de trabajar porque el presupuesto no les alcanzaría.

El trabajador jubilado que continúa trabajando, seguirá cotizando de su salario tanto al sistema de pensiones como al de enfermedad y riesgos profesionales, aunque estos aportes adicionales al fondo de pensión no sirven para mejorar sus ingresos en ningún momento futuro. Esto lleva a que muchos soliciten pago por servicios profesionales para evitar el aporte.

Sin embargo, del pago recibido por la Caja de Seguro Social en concepto de jubilación, solo se descontará el aporte correspondiente al programa de enfermedad y maternidad, no así el porcentaje destinado a la jubilación que ya disfruta. Algunos jubilados exigen que esto tampoco se descuente y los más detallistas dirán que a esa edad no existen muchas posibilidades de recibir un beneficio por maternidad. Yo concuerdo en que no se le debe cobrar como una forma de resarcirles por el hecho de que nunca se la ha dado un ajuste en las pensiones proporcional a la bonanza que ha tenido el país en el actual siglo y que es producto de las luchas nacionalistas protagonizadas por esta generación a quien se le debe la recuperación del canal que hoy nos brinda en un año lo que antes conseguíamos en 6,000 años.

IV.   CRISIS DEL SISTEMA SOLIDARIO

En 2005, con la ley 51 de 27 de diciembre, se modificó por última vez la ley orgánica del Seguro Social. Desde ese momento, en términos generales, los que tienen más de 48 años siguen en el sistema solidario (llamado de beneficio definido) y los que tienen menos de 48 años están en el sistema individual (llamado mixto).

Los del sistema mixto no están en crisis ya que el monto de su jubilación en gran medida es lo que hayan depositado en su propia cuenta. No tiene problema si solo lo vemos dentro del estrecho marco de la sostenibilidad financiera. El inconveniente es que su tasa sustitución, esto es que lo que cobra el jubilado al momento de su retiro con respecto a su sueldo es muy bajo. En Chile por ejemplo el levantamiento popular del año pasado se dio porque las pensiones no llegan al 30% del último salario.

El problema del Sistema Solidario es que cada vez hay más jubilados y menos contribuyentes al fondo. Elevar la edad de jubilación a este grupo solo sirve para que los actuales contribuyentes donen más a los que se jubilaron hace años y han cobrado muchas veces lo que aportaron, especialmente los beneficiarios de las jubilaciones especiales: maestros, enfermeras, profesores, médicos, policías, bomberos, empleados de telégrafos, ministerio público y órgano judicial que se jubilaban con 25 años de servicio, o sea entre los 43 y 50 años con su último salario.

Estas jubilaciones, con excepción de bomberos y policías ya no existen, pero ese pelotón que se jubiló antes que ese eliminara este privilegio, está cobrando hace muchos años. Algunos llevan más de 30 años cobrando y no aportaban ni el 10% del salario. Eso significa que su aporte no cubrió más de 2 años y medio de jubilación, por lo que han recibido más de 10 veces lo que pagaron y siguen cobrando con los aportes, ya no de todos los que trabajan, sino solo de los que tienen más de 48 años, los del sistema solidario. Lógicamente cada vez hay menos aportando a este fondo por lo que en algún momento se acaba el dinero.

Contrario a lo esperado, los aportes de los que no están jubilados y tienen más de 48 años en vez de reducirse siguió creciendo durante la actual década, fundamentalmente por la reducción del desempleo y crecimiento de los salarios debido al desarrollo de la economía de los últimos años. En 2016 el seguro tendrá ingresos provenientes de este grupo de asegurados por aproximadamente 1,400 millones de dólares, superior a los $1,350 de 2015, pero inferior a los $1,450 millones que se espera en 2017. Las reservas siguieron subiendo según los Estados Financieros no auditados de la Caja de Seguro Social. Pero esta tendencia cesó en 2017 cuando se inicia la reducción de las reservas. A partir de ese momento los pagos a los jubilados iniciaron a ser mayores que los ingreso. Inicia la caída de las reservas del sistema solidario.

Se calculaba que en 2025, aproximadamente, las reservas se agotaban. En ese momento no habría un solo centavo para pagar a los jubilados. La desaceleración de la economía en la segunda década del decenio acelera el proceso de caída de las reservas por lo que el cálculo de iliquidez se traslada al 2023. Actualmente en medio de la pandemia este nuevamente se acerca pero aún más, pero no podemos saber cuánto ya que aun la pandemia no termina, de modo que no conocemos cuando termina el proceso de caída libre que sufre nuestra economía que a diciembre de 2020 calculamos que presentó una caída de casi 20% del PIB con respecto a 2019. Adicionalmente el desempleo esta en este momento inicios del 2021 en alrededor de 25% por tanto muchos de los aspirantes a jubilarse tendrán que posponer su pretensión por no cumplir con las cuotas.

CUADRO 1
SUBSISTEMA DE BENEFICIO DEL RIESGO DE INVALIDEZ, VEJEZ Y MUERTE
EVOLUCIÓN FINANCIERA
AÑOS 2013 - 2032

CONCEPTO	2013	2014	2015	2016	2017	2018	2019	2020	2021	2022
Total de Ingresos	1,294	1,334	1,341	1,371	1,399	1,418	1,432	1,440	1,445	1,444
Total de Egresos	1,199	1,265	1,328	1,394	1,496	1,577	1,667	1,769	1,870	2,017
Aporte del Estado		0	33	0	23	97	159	235	329	426
Diferencia	96	69	46	-23	-74	-62	-76	-94	-97	-147
Reserva	1,794	1,863	1,909	1,886	1,812	1,750	1,674	1,580	1,483	1,336

SUBSISTEMA DE BENEFICIO DEL RIESGO DE INVALIDEZ, VEJEZ Y MUERTE
EVOLUCIÓN FINANCIERA
AÑOS 2013 - 2032

CONCEPTO	2,023	2,024	2,025	2,026	2,027	2,028	2,029	2,030	2,031	2,032
Total de Ingresos	1,435	1,423	1,383	1,367	1,352	1,331	1,306	1,275	1,240	1,202
Total de Egresos	2,135	2,265	2,402	2,545	2,738	2,897	3,062	3,233	3,408	3,636
Aporte del Estado	572	276	140	140	140	140	140	140	140	140
Diferencia	-128	-567	-879	-1,037	-1,247	-1,427	-1,617	-1,817	-2,028	-2,294
Reserva	1,209	642	-237	-1,274	-2,521	-3,948	-5,565	-7,382	-9,410	-11,704

Fuente: Unidad Técnica Especializada en Finanzas de la CSS en 2013

Como vemos en 2016 los egresos del sistema solidario son mayores que los ingresos y por tanto empieza a reducirse la reserva de más de 6,000 millones de dólares del fondo. Sin el aporte estatal la reserva se extingue en 2022. Como el estado hace aportes anuales por más de 500 millones de dólares esta reserva se agota en 2023.

ASEGURADOS DEL SISTEMA DE BENEFICIO DEFINIDO POR GRUPO DE EDAD Y SEXO AÑO 2018			
	Hombres	Mujeres	Total
25-29	4,186	2,122	6,308
30-34	57,145	30,958	88,103
35-39	71,787	46,430	118,217
40-44	68,507	46,875	115,382
45-49	65,557	45,598	111,155
50-54	55,948	39,806	95,754
55-59	44,616	22,173	66,789
60-64	19,195	3,506	22,701
65-70	2,348	266	2,614
Total	389,289	237,734	627,023
Fuente: Dirección Ejecutiva de Innovación y Transformación CSS			

En ese momento no habrá dinero para pagar a los jubilados ubicados en el sistema solidario pero los del sistema individual o mixto, quienes en ese momento tendrán 55 años o menos, poseerán algo así como $15,000 millones de dólares en su fondo de jubilación.

Si hoy elevamos la edad de jubilación a los que están cargando a los jubilados del sistema solidario o si le elevamos la cuota, lo único que logramos es que gran parte de estos jubilados que se retiraron con la anticipada y las leyes especiales, pues en vez de cobrar por 30 años se garanticen tal vez 40 años de cobro, pero al final los que se jubilen a los 62 años o más si se eleva la edad, se quedaran sin jubilación un par de años después de su retiro. O sea un mayor nivel de sacrificio para igual quedarse sin jubilación.

ASEGURADOS DEL SISTEMA MIXTO POR GRUPO DE EDAD Y SEXO AÑO 2018			
	Hombres	Mujeres	Total
25-29	15,928	7,871	23,799
30-34	94,090	55,176	149,266
35-39	102,692	73,600	176,292
40-44	45,811	44,632	90,443
45-49	20,863	23,760	44,623
50-54	13,271	16,025	29,296
55-59	9,231	10,807	20,038
60-64	5,891	6,587	12,478
65-70			
Total	307,777	238,458	546,235

Fuente: Dirección Ejecutiva de Innovación y Transformación CSS

A partir del año 2016, aproximadamente, los ingresos empiezan mostrarse inferiores que los egresos según los cálculos de la unidad especializada en finanzas de la Caja de Seguro social. Sin embargo cifras posteriores muestran que este fenómeno se dio en 2018. El problema es que se ha dado a conocer un listado de asegurados cotizante cuya fuente es la Dirección Ejecutiva Nacional de Innovación y Transformación que muestra un sorprendente grupo de beneficiarios del sistema de beneficio definido o solidario de más de 130,000 asegurados y aseguradas que son menores de 45 años cuando según la ley 51 esto debe ser una proporción menor porque todo aquel joven que entra en el sistema luego de 2006 pasaba al Sistema Mixto por tanto muy pocos de esa edad puede estar en ese sistema. De alguna forma se siguen integrando asegurados al sistema solidario a sabiendas que el mixto les otorgará una jubilación por el orden del 30% de su último salario a diferencia del solidario que le dará el 65%.

a reducirse porque en ese momento los aportantes que no se han jubilado tendrán como mínimo más de 50 años. Recordemos que en ese momento los que tengan 50 años o menos estarán aportando la mayor parte a su propia cuenta individual pues serán parte del Sistema Mixto en términos generales.

Lo que se seguirá elevando constantemente son los egresos, ya que aumentan tanto el número de jubilados como la esperanza de vida, así que cada vez hay menos cotizantes financiando a cada vez más jubilados en este sistema.

Esto sucede hasta 2032 en que ya casi no habrá aportantes pues todos, salvo excepciones, ya llegaron a la edad de jubilación.

En 2015 se calculan egresos por 1,328 millones, en el año 2016 por 1,394 millones y en el año 2017 por 1,495 millones de dólares aproximadamente.

Como vemos, en el año 2016 muy probablemente los egresos del Sistema Solidario son mayores que los ingresos y por tanto empieza a pagarse las jubilaciones en parte con el dinero de la reserva que en ese momento se elevó a 2,300 millones de dólares. Los expertos de la ley 51 con todo su conocimiento y el de sus asesores actuarios, sabían que esto iba a suceder. Aunque no era necesario ser un actuario para saber que en un fondo común, si son cada vez más los que reciben y cada menos los que aportan, este tiende a cero.

Para cubrir a estas generaciones que quedaban a la intemperie, la ley 51 establece un aporte estatal de 140 millones de dólares anuales. Un monto ridículo que no resuelve para nada el problema actuarial. Por tanto, según los cálculos elaborados por la Unidad Técnica Especializada en Finanzas de la Caja de Seguro Social en el año 2013 y entregado a APEDE en 2014 este fondo se agota en el año 2026.

En ese momento no habrá dinero para pagar a los jubilados ubicados en el Sistema Solidario, pero los del Sistema Mixto, quienes en ese momento tendrán 55 años o menos, poseerán algo así como 14,000 millones de dólares en su fondo de jubilación.

Si hoy elevamos la edad de jubilación a los que están cargando a los jubilados del Sistema Solidario o si le elevamos la cuota, lo único que logramos es que gran parte de estos jubilados que se retiraron con la anticipada y las leyes especiales, pues en vez de cobrar por 37 años se garanticen tal vez 40 años de cobro, pero al final los que se jubilen a los 62 años o más, si se eleva la edad, se quedaran sin jubilación un par de años después de su retiro. O sea, aportarán un mayor nivel de sacrificio para igual quedarse sin jubilación ya que todo lo que pongan en adición será cobrado por los actuales jubilados.

De nuevo recordemos que producto de la pandemia esta crisis se acelera pero si se ha estado manipulando para inscribir en el sistema solidario asegurados que la ley no permite este fondo tendrá más dinero del calculado pues se está engrosando con aportes de asegurados y aseguradas que deben estar en el sistema mixto pero se han colado en el Sistema Solidario con la esperanza de obtener en el momento de su jubilación un mayor ingreso.

V.   EL SISTEMA MIXTO

La ley 51 de diciembre de 2005 crea un Sistema Mixto en donde están integrados en términos generales los asegurados que en el momento de promulgar la ley tenían 35 años o menos.

A partir de 2007 todos los nuevos cotizantes entraban irremediablemente al Sistema Mixto. Esto no significa necesariamente que todos los que hoy son menores de 48 años están en este nuevo Sistema porque tal vez muchos de los habilitados decidieron quedarse en el viejo. Cuántos fueron los asegurados inscritos en el nuevo sistema es una información que no está disponible, así que debemos asumirla solo con el objetivo de aclarar los conceptos. Igual esto no cambia en mucho la situación. Sería posible tener una idea más ajustada si la Junta Técnica Actuarial establecida por esta ley 51, hubiera brindado los datos. Una serie de irresponsabilidades de diversos servidores públicos, tanto del Seguro Social como de la Contraloría General de la República y del Poder Ejecutivo que no nombra a tiempo a todos los actuarios, determinan que hoy la cifra exacta sea un misterio. Las últimas cifras auditadas datan de 2012, hace más de cinco años.

Sin embargo, contamos con las cifras de la Unidad Técnica Especializada en Finanzas de la Caja de Seguro Social que sin duda es la fuente original de donde salen todas las demás cifras utilizadas por los analistas, incluyendo los organismos internacionales, además de una proyección al 2032 de esta misma unidad especializada.

En consecuencia, los cotizantes del Sistema Solidario que hoy son mayores de 48 años, pero sin haberse jubilado, siguen entregando la totalidad de sus aportes al viejo sistema para pagar a los actuales jubilados, aunque los nuevos cotizantes no aporten a su cuenta en la misma proporción.

El nuevo sistema llamado Sistema Mixto obtiene el nombre porque una parte del fondo se va a un Sistema Solidario o de Beneficio Definido y otra parte se transfiere a una cuenta de ahorro individual de cada uno de los asegurados. Recordemos que todos los asalariados del total de su salario entregan 13.5 por ciento al Sistema de Pensiones independientemente de en cuál de estos sistemas este inscrito. Los del Sistema Mixto entregan al Sistema Solidario lo correspondiente a la deducción de los primeros 500 de su salario total. Este 13.5 por ciento es pues $67.5 mensuales. La deducción correspondiente a todo lo que gane el trabajador por encima de ese salario, se va a su fondo de ahorro personal.

Por tanto, el cotizante que gana $1,000.00 de salario pagará $67.50 mensuales al fondo del Sistema Solidario y $67.50 a una cuenta de ahorro individual. Lógicamente mientras más alto sea su salario mayor será el aporte a la cuenta individual, aunque el aporte al Sistema Solidario siempre será el mismo: $67.50 mensual.

No percibo el objetivo de los legisladores al colocar un número fijo en lugar de un porcentaje del salario. En 2005, cuando se promulga la ley, el salario mínimo era de $250.00 mensuales aproximadamente por tanto todo aquel que ganara menos de dos salarios mínimos destinaba todo su aporte a la cuenta solidaria. Actualmente el salario mínimo es de $567.00 mensuales y seguramente seguirá al alza, por tanto, el aporte a la cuenta solidaria será cada vez menor en términos reales. Infiero que el objetivo de los diputados era que la parcela solidaria tendiera a ser cero.

Aquellos cotizantes que forman parte del Sistema Mixto tendrán entonces una jubilación compuesta por la parte proveniente de su aporte al Sistema Solidario y otra parte proveniente de sus ahorros individuales. La parte correspondiente del Sistema Solidario será casi la misma ya que todos aportan sobre 500 dólares mensuales. Esta fracción tendrá una leve variación determinada por otros elementos como el número de años de aportes, adicionales al mínimo de 20 años que establece la ley 51, el aporte del decimotercer mes, el de los gastos de representación, entre otros.

Sin embargo, la parte correspondiente del Sistema Mixto se reduce en función del tiempo, ya que según la ley 51 será igual a la división correspondiente al monto total de los aportes dividido entre los años que tenga que desembolsarse de acuerdo con la esperanza de vida de la población, calculada por el Instituto Nacional de Estadística y Censo (INEC) de la Contraloría General de la República. Como la esperanza de vida de la población se eleva siempre, que de acuerdo con la ley 51 se revisará cada diez años, los nuevos jubilados con igual aporte recibirán menos desembolsos mensuales por parte del sistema de pensiones de la Caja de Seguro Social, siempre que la edad de jubilación permanezca intacta.

El Sistema Mixto tiene como elemento positivo que desmotiva las jubilaciones especiales, ya que alguien con igual cantidad de aportes que se retire diez años antes recibirá mensualmente un 33% menos. Si la esperanza de vida establece que el jubilado vivirá 20 años con su pensión y un grupo con jubilación especial quiere retirarse 10 años antes, pues cobrará el mismo dinero, pero dividido entre 30 años en lugar de veinte, más los intereses que genere su fondo.

El Sistema Mixto, por haber iniciado en 2006, no tiene ningún jubilado, aunque si posee algunos pensionados, por lo que su reserva sube en forma exponencial. Para 2016 se calculaba que debía tener un desembolso de un millón de dólares y reservas por un monto de 3,000 millones de dólares. Cuando se termine el dinero depositado en el fondo solidario entre el 2026 y el 2027, este fondo mixto contará en sus activos con 14,000 millones de dólares aproximadamente.

A pesar de ser un depósito personal. el propietario del fondo del Sistema Mixto no puede retirarlo al momento de su jubilación, tampoco puede designar herederos de inicio. De acuerdo con la ley 51 en caso de fallecimiento el saldo de su fondo personal será entregado en su orden a su esposa o esposo, si no tiene, a sus hijos menores de edad, en su defecto a sus padres y luego a sus hermanos menores. Solo por inexistencia de todos los de esa lista, pasará a quien el jubilado haya establecido en su testamento.

De permanecer vivo el inscrito en el Sistema Mixto recibirá de los primeros 500 dólares de salario lo correspondiente del sistema solidario como si ese fuera su aporte. Esto es el 60 por ciento de ese salario, o sea alrededor de 300 dólares. Del Sistema Mixto recibirá lo que aportó por encima de los 500 dólares de salario más los intereses. Todo este monto se divide entre lo que resulte de la operación aritmética entre la diferencia entre las expectativas de vida oficiales publicados por el INEC y la edad del jubilado. Se le entregará entonces al jubilado lo correspondiente mensualmente. No es posible en ningún caso, según la ley 51, recibir el monto completo del depósito personal en un solo pago.

Si hacemos un ejercicio simple y asumimos que un asalariado trabajó 20 años y sus mejores 10 años son de 1,000 dólares en promedio, tendremos que cobrará 60 por ciento de los primeros 500 dólares, o sea 300 dólares del Sistema Solidario. De los restantes aportes, en este caso los 500 dólares adicionales, habrán aportado 240 meses 67.50 dólares mensuales. Recordemos que, del salario del trabajador, el 13.5 por ciento se envía al fondo de jubilación. Si en ese momento las expectativas de vida se elevan a 82 años y el asegurado se jubila a los 62 años pues obtendrá justo lo que aporto mes a mes. O sea, aportó 67.50 dólares mensuales, esto es el 13.5 por ciento de los 500 durante 20 años. Recibirá de este fondo justo eso, 67.50 dólares durante iguales 20 años más los intereses, que en el mejor de los casos doblarán la cantidad depositada. El total que va a recibir en este caso es $367.50 mensuales más los intereses de los 16,200 dólares aportados. Esto es 67.50 dólares por 12 meses durante 20 años.

El Sistema Solidario en parte hizo crisis porque el gobierno de la década del setenta del siglo pasado, para congraciarse con los empleados públicos, les dio un régimen especial de jubilación a maestros, profesores, policías, bomberos, trabajadores de correos y telégrafos, enfermeras, entre otros. Muchos se jubilaron con su último salario con 25 años de servicio. Maestros, bomberos y policías se jubilaban con 43 años. Los demás en general con menos de 50 años.

Actualmente las expectativas de vida promedio en Panamá es de 78 años empujada hacia abajo por los sectores más excluidos, en especial los indígenas, los cuales en su gran mayoría no están asegurados. Es indudable que muchos de los jubilados especiales que aportaron menos del 10 por ciento de su salario durante 25 años y se jubilaron a los 43 años, hayan cobrado una mensualidad correspondiente a su último salario por más de 40 años.

El Sistema Mixto tiene como ventaja que, si estos servidores públicos insisten en jubilarse a los 43 años, tendrán una jubilación por parte de su sistema individual para casi 40 años jubilados, igual a la mitad del 13.5% de su salario o sea 6.75% de su salario promedio más los intereses. En este caso recibirían del Sistema Mixto con un salario de 1,000 dólares, un desembolso de aproximadamente 33.75 dólares mensuales.

Esa será su jubilación que, para su consuelo, estará acompañada por los 300 dólares mensuales del Sistema Solidario del que muchos asalariados probablemente no querían ser parte. He escuchado a varios asalariados que tienen un buen estipendio por encima del promedio, afirmar que prefieren un sistema individual. Pues bien, presumamos un asalariado que se siente muy dispuesto al sistema de pensiones individual, que tenga un salario de 5,500 dólares mensuales en los mejores 10 años. Si aportó 240 cuotas o sea por los veinte años que obliga la ley 51 para convertirse en jubilado a los 62 años. Este cotizante recibirá del sistema solidario 300 dólares. De su propia cuenta individual recibirá una mensualidad para vivir sus últimos veinte años de vida de 675 dólares adicionales a los 300, más algunos intereses, para un total de pensión de retiro de 975 dólares mensuales. Esto es el 18 por ciento de su último salario. Sera muy difícil continuar con su estilo de vida para alguien que cobraba más de 5,000 dólares mensuales al momento del retiro.

Es que no existe fórmula matemática, no existe calculo actuarial, no existe un gurú de la economía, que pueda inventar una fórmula en donde los aportes individuales sean mayores o iguales a los aportes individuales más los de la siguiente generación.

Algunos optaran por un fondo de pensiones privados. Bien, eso es bueno, ahorrar para el retiro. Pero recuerden que la única forma de obtener en su retiro el 60 por ciento de su último salario más intereses, si aportan durante 20 años a este fondo y quieren retirarse a los 62 años, es que se aporte el 60 por ciento de tu salario mensual al fondo de pensiones. Si esto no es posible, entonces deben aportar por más tiempo y retirarse con mayor edad.

Yo propongo que el Sistema Mixto, mientras tanto, debe establecer como base de aporte al Sistema Solidario, no solo los primeros 500 dólares de salario como establece la Ley 51, sino lo correspondiente a dos salarios mínimos. Así los sectores de menores ingresos tendrán un monto de retiro digno y evitaremos en el futuro que los ciudadanos cotizantes o no, paguen a través del estado de sus impuestos a los pensionados del futuro.

Esto es con el objetivo que el Estado no se vea obligado a dar apoyo solidario a los jubilados para cubrir un porcentaje de ingreso correspondiente a medio salario mínimo, como es hoy la realidad en el sistema más laureado por los defensores de las cuentas individuales puras, que es el sistema chileno.

Al final, al complementar el pago a los jubilados con aportes del Estado por lo ridículo de la tasa de sustitución o tasa de remplazo, esto es el porcentaje de jubilación con respecto al salario, los ciudadanos se solidarizan con los jubilados en una forma disfrazada, porque de sus impuestos salen los fondos para complementar las escuálidas pensiones de los retirados que tienen cuentas individuales. Con el agravante que, en vez de verse como un pago ganado después de muchos años de aporte laboral, se visualiza como una limosna a los que invirtieron su vida para construir el país.

Los sistemas de pensiones deben incluir, a mi juicio, un cálculo de indexación de los desembolsos, esto es un aumento de lo que reciben los jubilados ya que es de todos conocido que el poder adquisitivo se reduce en el tiempo producto de la inflación. En un periodo de menos de 20 años, a una tasa de inflación baja de l4 %, el jubilado tendrá la mitad del poder adquisitivo inicial. Esto, debe ser tomado en cuenta al momento de establecer el cálculo de las pensiones.

Yo propongo que las jubilaciones se ajustes cada dos años a una proporción similar al ajuste del salario mínimo. No propongo que se ajusten con la inflación porque eso significa que el nie de vida debe ser similar siempre. En cambio con un ajuste por la variación del salario mínimo las jubiladas y los jubilados ajustan el nivel de vida a la bonanza del país en un país en donde si no se sigue en la dirección equivocada debe prestar muy buena bonanza económica en el futuro.

VI.   CONCEPTUALIZACIÓN

Ya puesto en perspectiva la situación de la Caja de Seguro Social yo creo que es momento de repensar el tipo de seguridad social que el país considera como parte de la estrategia país y específicamente como vemos nuestra responsabilidad alrededor del tema de las pensiones.

A mi juicio el sistema de pensiones debe sentarse en cinco pilares
   1.   La sociedad está obligada a brindar a los adultos mayores una vida digna.
Efectivamente los adultos mayores han sido los responsables de colocar e a esta sociedad en el envidiable sitial en que se asienta. Aplaudida por todo el planeta un país que pasó de un ingreso per cápita de $4,000 en el año 2000 a un ingreso per cápita de más de $15,000 en el 2017. Un país que se ubicó de ser uno de los más pauperizados de Latinoamérica a ser, junto con Chile y Uruguay, uno de los tres únicos países considerados de altos ingresos.

Este extraordinario salto económico no fue gratuito. Se debe a la recuperación de nuestro activo más importante, nuestra posición geografía y el canal que hemos expandido y administrado eficientemente. Nada de esto sería posible si la generación que hoy se encuentra jubilada no hubiera logrado triunfar con terquedad, patriotismo y determinación a riesgo de su propia vida. Nada sería posible si esa generación no hubiera logrado la expulsión del ejército más poderoso de la historia del corazón de nuestra geografía

2. Las nuevas generaciones están obligadas a abonar parte de los activos que reciben en herencia

Todos estos activos, carreteras, puentes sobre el canal, dos líneas de metro, el canal de Panamá, carreteras, todos estos activos construidos por las actuales generaciones y las anteriores deben ser abonadas por las nuevas generaciones que no encuentran un país en la selva virgen. Los miles de millones en activos que reciben fruto del trabajo de las generaciones anteriores no pueden ser pagados en su totalidad pero al menos deben ser abonados parcialmente brindando parte de sus beneficios a los actuales jubilados

3. El sistema de pensiones debe tener cabida para el esfuerzo individual

Al garantizarle a todos los jubilados y jubiladas una vida digna también debe existir un espacio para todo el que pueda y quiera hacer un esfuerzo adicional para jubilarse con un ingreso mayor que el promedio, quien esté dispuesto a mayores desembolsos, a trabajar más años debe tener un espacio en un fondo individual, un fondo personal. No todos los trabajadores pueden lograrlo, un trabajador de la construcción tal vez no podrá quedarse más tiempo. pero un oficinista, un profesional, un educador tal vez si tenga la disposición y el ánimo para quedarse más años a cambio de tener un fondo de pensiones personal que pueda utilizar en su retiro

4. La jubilación debe ser un retiro de la vida laboral

La jubilación no puede seguir siendo una forma de aumentar los ingresos de los asalariados, mucho menos debe ser instrumento para sectores privilegiados que se jubilan con su ultimo jugoso salario e inmediatamente son nombrados con otro alto salario en el sector público. La jubilación debe ser el retiro de la población económicamente activa. Para eso las pensiones deben ser lo suficientemente robustas para que la persona no tenga que seguir trabajando, debe ser los suficiente digna para que la persona no se jubile y pase a engrosar las filas de la pobreza. Debe contar con un aumento cada dos años en la misma proporción que aumenta el salario mínimo para que se tenga la confianza de que no perderá su poder adquisitivo y que por el contrario podrá aumentarlo si al país le va mejor. Adicionalmente, el retiro permite que las nuevas generaciones escalen las posiciones que de lo contario solo obtendrán cuando estén demasiado ancianos para disfrutarlas.

5. El sistema de seguridad social no debe subsidiar a jubilados de altos ingresos.

Aquellos adultos mayores con altos niveles de vida no deben recibir del seguro social desembolsos superiores a sus aportes más los intereses generados.

No debe continuarse con la práctica de beneficiar por igual a todos los jubilados y jubiladas independientemente de sus niveles de ingreso. Si un jubilado es dueño de un banco o de una transnacional solo debe recibir sus aportes más los intereses generados. Una vez venza el monto el adulto mayor de altos ingresos no debe seguir cobrando del Seguro Social.

Bajo estos cinco preceptos es que paso a esbozar mi propuesta.

Tenemos pues dos programas: el viejo 100% solidario denominado también, Sistema de Beneficio Definido y el nuevo Sistema Mixto, que entra en escena en el año 2005 con la ley 51.

El viejo sistema, por tendencia natural, se queda sin cotizantes, mientras el Sistema Mixto cada vez tiene más cotizantes, pero seguirá sin tener jubilados, hasta que aquella generación menor de 35 años en el año 2005 cumpla 57 años las mujeres y 62 los hombres, siempre que no varíe la edad de jubilación. Esto ocurrirá entre el año 2027 y 2032.

El problema critico actual es la generación que sigue pagando Seguro Social, pero se encontrará entre 2025 y 2030 que los fondos se agotaron, consumidos por la generación que ya está jubilada, muchos de los cuales se acogieron a jubilaciones especiales, en donde eran capaces de jubilarse desde los 43 años. Aunque durante el periodo de su jubilación especial hasta su edad efectiva de 57 o 62 sus jubilaciones eran cubiertas por el Estado, estos grupos beneficiados dejaron de aportar durante todo este periodo y ahora permanecerán cobrando por un periodo de 25 años más en promedio.

Para cubrir este déficit crítico, que en su cénit puede llegar a 3,500 millones de dólares en un año podemos, como sostienen algunos, elevar la edad de jubilación del grupo que sigue pagando. Esto solo beneficia a los actuales jubilados que han disfrutado de su retiro por muchos años, para que garanticen su cobro hasta el día de su desaparición física, o sea que la crisis se pospondrá tantos años como se aumente la edad de los actuales cotizantes, pero éstos asegurados al momento de su retiro tampoco verán su sacrificio convertido en jubilación para ellos. Igual sucede si se le eleva el porcentaje cotizado que actualmente es de 22% del salario, de los cuales el 13.5% se transfiere al programa de jubilación. Esta medida además tendría un efecto inflacionario.

Por su parte, la elevación del aporte y la edad de jubilación de los cotizantes del Sistema Mixto que ahora tienen menos de 48 años no tendrá mucho efecto para la resolución de la crisis inmediata, ya que aportan a este sistema tan solo sobre los primeros 500 dólares de su salario, por lo que el aumento en la cuota pasaría en su mayoría a su propia cuenta. Un aumento de dos puntos en el aporte representaría apenas 10 dólares adicionales por mes para el Sistema Solidario en crisis. A menos que se proponga regresar al Sistema Solidario 100% y pasar los fondos del Sistema Mixto al Sistema Solidario. Esto pospondría la crisis tal vez hasta el 2035, pero en ese momento el déficit seria tal, que el Estado tendría que reducir en forma impresionante los montos pagados a los jubilados para evitar el colapso financiero, ya no del Seguro Social sino del país.

El Sistema Mixto, en donde parte de los aportes van a su cuenta individual, tienen como elemento conveniente que desmotiva a los aportantes a procurar beneficiarse de jubilaciones especiales, cubiertos por el resto de los cotizantes, ya que los montos recibidos por retirarse a temprana edad serían tan bajos que los asegurados preferirían seguir aportando por más tiempo, a sabiendas que es su propio fondo y que no pierde ingresos por evitar sacar los depósitos antes. Sin embargo, hay que tomar en cuenta que este sistema es mixto porque transfiere de lo aportado para jubilación actualmente 13.5% de los primeros 500 dólares de salario al sistema solidario.

En diciembre de 2005, cuando se aprobó la ley 51, el salario mínimo era casi la mitad del actual, por lo que todos los que ganaban salario mínimo y muchos de quienes lo duplicaban seguían garantizando su ingreso de retiro 60% de su salario. Al elevarse el salario mínimo y no aplicarse una indexación por inflación, cada vez más participantes están por encima de estos 500 dólares. Este monto entonces debió ser variable y no fijo para evitar que suceda en Panamá lo que pasa ahora con el fondo de pensiones en Chile, donde muchos jubilados al retirarse reciben menos de la mitad del salario mínimo.

Si el salario mínimo llega, como en efecto llegará en algún momento, a los 1,000 dólares mensuales, en condiciones normales un trabajador de salario mínimo inscrito en el Sistema Mixto, en lugar de cobrar los actuales 600 dólares que representa el 60 por ciento de su salario, cobraría 300 del sistema solidario y alrededor de 67.50 más intereses del Sistema Mixto lo que suma 367.50 dólares más intereses, menos de la mitad del salario mínimo.

Debemos pues, a mi juicio, acudir a resolver el problema del Sistema Solidario o de Beneficio Definido ahora, a ocho años de su colapso, sin modificar el Sistema Mixto, salvo los 500 destinados al solidario que debe ser un monto variable, sujetado a la variación del salario mínimo, posponiendo la discusión de la modificación de la edad de jubilación a posteriori de la resolución de este problema, que es eminentemente financiero.

Luego de resolver este asunto podemos regresar a discutir la edad de jubilación a los asegurados del Sistema Mixto ya dejándolas ver las cifras que le corresponderían si insisten en jubilarse a temprana edad. No creo que debemos incluir en ningún caso la elevación de la cuota por su efecto inflacionario, salvo mediante la decisión soberana y unilateral del asegurado que desea aumentar sus aportes en el componente individual voluntariamente.

VII ASPECTOS DEMOGRAFICOS

Cada vez que se habla de la crisis de la seguridad social salen a relucir los aspectos demográficos. No dejan de tener razón quienes afirman que la reducción de la tasa de fecundidad es responsable de que la población se haga cada vez más vieja. Pero no solo esto, también hay que tomar en cuenta que los adelantos en la medicina hacen que la población con acceso a los avances tecnológicos en tratamientos a las enfermedades viva más años, por lo que la esperanza de vida se eleva paulatinamente. Si la edad de jubilación permanece constante, vemos que cada vez habrá más jubilados que estarán cobrando por más tiempo.

Eso ya se ha dado con la gran cantidad de jubilaciones especiales que se repartieron como si fueran bolsas de comida en la década del setenta. En efecto, maestros, médicos, enfermeras, profesores, policías, bomberos etc., una gran cantidad de empleados públicos se jubilaban con 25 años de servicio y con su último salario. Esto significa que muchos se jubilaron a los 43 años. Aunque es el gobierno central quien pagó la parte de jubilación hasta que cumplieron la edad establecida en la ley, éstos dejaron de aportar todo ese tiempo y luego muchos de ellos, dadas la esperanza de vida, cobraron durante más de 40 años, cuando aportaron menos del 10 por ciento de su salario, por lo que su aporte corresponde, *ceteris paribus,* a tan solo 2 años y medio de pensión.

Sin embargo, traer esta discusión demográfica a la crisis del Sistema de Beneficio Definido o Sistema Solidario en crisis es una pertinacia, porque recordemos nuevamente que este sistema está respaldado tan solo por aquellos que en términos generales tenían 35 años o más en el año 2006. Los que en el año 2006 tenían 35 años menos, salvo algunas excepciones, están actualmente en el Sistema Solidario.

Esto significa que en términos generales los que aportan al Sistema Solidario son aquellos que tienen en el 2021 una edad de 50 años o más. Si la edad de jubilación de los hombres se eleva a 65 años tan solo tendríamos los aportes de tres años más de una parte de la población. Eso de ninguna manera resolvería el problema de los que se están jubilando o se hayan jubilado en los últimos años. Solo pospone el problema tal vez uno o dos años. Esto es así porque el resto de la población de menos de 50 años está aportando en su mayoría a su propia jubilación ya que son parte del Sistema Mixto, no del Sistema Solidario. No importa en cuánto se eleve la edad de jubilación, solo le sirve para seguir cobrando algunos años adicionales a aquellos que ya tienen 40 años de recibir pagos del Estado y de la Caja de Seguro Social y aún siguen cohabitando el planeta.

Para el caso del Sistema Mixto, el problema demográfico estaría resuelto casi en su totalidad por el hecho que, si algunos de los que siguen gozando de la posibilidad de jubilarse a los 43 años que son los policías y los bomberos, si se jubilan con sus propios fondos, se percatarían que solo les da para dos años y medio, aunque la ley establece que se le distribuirá en concordancia con las esperanzas de vida. Sin embargo las leyes especiales establecen que se deben jubilar con su último salario. Por tanto estos asegurados podrían disfrutar de esa jubilación por más de cuarenta años.

Esto significa que si alguien tuviera un salario de 3,500 dólares por 20 años aportará 67.50 dólares mensuales al Sistema Solidario y el resto del 13.50 por ciento de su salario a su fondo personal como establece el Sistema Mixto. Su fondo de retiro suma 405 dólares mensuales, o bien 4,860 dólares al año y por tanto 97,200 dólares en los 20 años. Solo por efecto de sintetizar no incluimos otros aportes como décimo tercer mes y gastos de representación, que no son relevantes como para cambiar la tendencia.

Si la esperanza de vida llega a 82 años en ese momento, pues le correspondería 300 dólares del sistema solidario y le correspondería en términos generales 4,860 dólares anuales del sistema Mixto. Esto es 405 dólares mensuales más intereses. Ese ciudadano preferiría seguir trabajando ya que ese fondo es propio, por lo que si fallece antes de los 82 años pasa a su familia. Preferiría aportar más tiempo y trabajar más años hasta que se sienta efectivamente cansado. Por supuesto que, al pasar de un ingreso de 3,500 dólares mensuales a uno de 705 dólares mensuales, es muy improbable que el jubilado pueda continuar con el mismo estilo de vida.

Por tanto, en lo que se refiere a la crisis del Sistema Solidario o de Beneficio Definido del programa de Invalidez, Vejez y Muerte de la Caja de Seguro Social, la discusión demográfica es solo filosófica, ya que no aporta a la solución del problema que es crítico: la incapacidad de cubrir las pensiones del Sistema Solidario a partir del año 2026 o 2027.

Adicionalmente, debemos decirlo, la política del estado panameño es promover la informalidad reduciendo con esto la cantidad de cotizantes de ambos sistemas. Los 10,000 conductores de Uber y los 8,000 motoristas de pedidos ya así como taxistas, transportistas, pero también abogados y otras profesiones liberales simplemente no pagan seguro social o no pagan el monto que legalmente le corresponde. El Seguro Social no solo no presiona para que esto trabajadores coticen sino que si algunos de estos profesionales quieren inscribirse como asegurados independientes le hacen la inscripción lo más difícil posible.

VIII. LA POBLACIÓN QUE IMPORTA

Efectivamente, la población relevante para el análisis es aquella parcela que se encuentra cautiva en el Sistema Solidario o de Beneficio Definido. En el 2012 los cotizantes activos de este Sistema se calculaban en 769,993 o sea los cotizantes cautivos del Sistema Solidario que mantenían el peso de un total de

Cuadro 2										
Proyecciones de Asegurados y Pensionados del										
Subsistema Solidario o de Beneficio Definido										
Años 2012-2032										
Año	Cotizantes Activos	Invalidez	Vejez Anticipada	Vejez	Viudas y Viudos	Hijos	Vejez Anticipada Ley 51	Vejez Prop.	Vejez Prop. Ant	Total Pensiones
2012	769,993	19,686	17,007	118,643	22,389	9,128	13,457	4,455	1,274	206,039
2013	754,184	19,839	16,311	124,698	25,185	9,239	16,690	5,280	2,126	973,552
2014	739,823	20,010	15,583	129,518	28,084	9,452	20,012	6,125	2,451	971,058
2015	725,380	20,193	14,826	134,036	31,060	9,599	23,494	6,950	2,792	968,330
2016	710,165	20,388	14,045	138,871	34,124	9,876	27,140	7,811	3,149	965,569
2017	694,259	20,594	13,240	143,949	37,225	10,150	30,939	8,702	3,520	962,578
2018	677,688	20,810	12,418	149,294	40,445	10,397	34,837	9,626	3,902	959,417
2019	660,142	21,032	11,583	155,082	43,713	10,665	38,939	10,591	4,303	956,050
2020	641,046	21,261	10,741	161,985	47,001	10,949	43,150	11,563	4,715	952,411
2021	622,831	21,493	9,898	167,619	50,337	11,176	47,436	12,537	5,134	948,461
2022	603,376	21,730	9,058	173,851	53,735	11,373	51,994	13,561	5,578	944,256
2023	583,496	21,970	8,227	180,001	57,139	11,516	56,701	14,584	6,037	939,671
2024	562,678	22,203	7,417	186,690	60,532	11,561	61,416	15,670	6,499	934,666
2025	541,275	22,428	6,628	193,494	63,895	11,601	66,217	16,778	6,966	929,282
2026	519,512	22,640	5,874	200,213	67,317	11,575	71,094	17,891	7,441	923,557
2027	497,015	22,840	5,157	207,201	70,658	11,582	76,018	19,031	7,921	917,423
2028	474,034	23,025	4,482	214,219	73,997	11,590	80,994	20,179	8,405	910,925
2029	450,733	23,189	3,855	221,226	77,301	11,594	85,910	21,329	8,883	904,020
2030	427,155	23,325	3,279	228,131	80,561	11,592	90,802	22,477	9,357	896,679
2031	403,279	23,436	2,749	234,914	83,676	11,572	95,712	23,613	9,832	888,783
2032	379,043	23,518	2,273	241,732	86,817	11,533	100,552	24,738	10,300	880,506

Fuente: Unidad Técnica Especializada en Finanzas de la Caja de Seguro Social

206,039 jubilados de los cuales 17,007 se habían jubilado tempranamente gracias a las jubilaciones especiales que disfrutaron.

En el año 2018, suman 677,688 cotizantes sujetos al Sistema Solidario que debían cubrir los egresos de jubilación de 281,728 jubilados incluyendo 12,418 jubilados que disfrutaron de largas jubilaciones después de aportar menos del 10 por ciento durante 25 años de servicio en el gobierno. En el año 2029 se da la situación histórica en que existirán en el Sistema Solidario o de Beneficio Definido, más jubilados y pensionados a quien pagarle su retiro que el número de trabajadores y trabajadoras que aportan el 13.5% de su salario en cuota de jubilación con la esperanza de estar cubiertos al momento del retiro. En este instante se les informará que no existe dinero suficiente en el fondo para cubrir tanto a quienes están jubilados como aquellos que aún esperan llegar a la edad de jubilación.

En el año 2032 un total de 379,043 cotizantes seguirán aportando a este fondo insuficiente. Serán aquellos que en el 2006 tenían más de 35 años, tendrán en ese momento 60 años o bien serán los rezagados del viejo sistema que a pesar de tener menos de 35 años no realizaron el cambio de sistema en el año 2006. Si se eleva la edad de jubilación a 65 años pues se verán condenados a seguir pagando por tres años más su cuota de jubilación, sin ninguna esperanza de cobrar en su retiro. Esto es porque como ya lo hemos dicho la población de menor edad, aquellos que en el 2006 tenían menos de 35 años salvo excepciones, solo aportan al fondo un monto definido de 67.50 dólares mensuales, el resto se va a su propio ahorro personal.

La gráfica 1 no puede ser más elocuente, debido a que el Sistema de Beneficio Definido o Sistema Solidario fue abandonado a su suerte por los que elaboraron la ley 51, ya que sabían que al hacer el corte, un grupo importante de jubilados iba a seguir aportando el dinero para los pagos a los jubilados que le precedían en forma solidaria sin que la siguiente generación hiciera lo mismo. Mientras que en el 2012 habían 3.7 cotizantes por cada jubilado en este sistema, en el 2018 hay 2.4 cotizantes por cada jubilado. En el 2029 habrá un cotizante por jubilado y ya en el 2030 habrá más jubilados que cotizantes en este Sistema de Beneficio Definido.

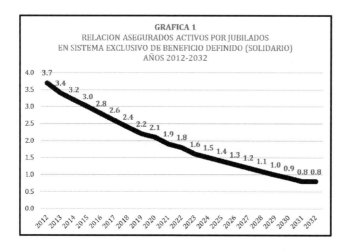

Algunos culparán a la tasa de fecundidad. No hay relación en este caso. La razón es que los nuevos cotizantes ya no están en este Sistema de Beneficio Definido, pues se encuentran en el Sistema Mixto.

Ante la reducción de los cotizantes y el aumento lógico de los jubilados, la evolución financiera del Sistema de Beneficio Definido o Sistema Solidario no puede tener otra tendencia que al déficit. Hasta

71

el año 2015 según proyecciones elaboradas con cifras del 2013 por la Unidad Técnica Especializada en Finanzas de la Caja de Seguro Social, el total de ingresos de Sistema de Beneficio Definido era mayor que los egresos. Esto está por encima de lo calculado por los expertos de la ley 51. Esto es así porque en el 2005 en que se discutió la ley, a pesar del importante crecimiento de la economía en el 2004 y luego de una desaceleración en el 2005 nadie esperaba crecimientos de dos dígitos en los siguientes años, menos esperaban que la economía panameña se iba a triplicar en 10 años.

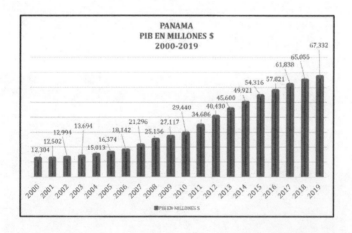

Por tanto, la crisis del Sistema Solidario se pospuso para beneficio de jubilados y tranquilidad de los sucesivos gobernantes. Sin embargo, como indica la lógica, si se va reduciendo paulatinamente la cantidad de cotizantes porque los más jóvenes emigran hacia otro sistema de pensiones, el momento llegara en que se termina el dinero. Esto debía ocurrir entre 2025 y 2027, pero la pandemia lo adelanta.

En efecto, se calculaba que para el año 2015 el ingreso del sistema solidario fue de 1,341 millones de dólares, mientras que los egresos sumaron 1,327.6 millones de dólares. Un superávit de 13 millones de dólares. El año siguiente, en el 2016, ya se debió dar un déficit de 23 millones. Es posible que este déficit tan pequeño, cuando los ingresos se calculan en 1,371 millones y los egresos en 1,394 millones de dólares, lo cual representa un déficit de apenas un 1.6%, se haya desplazado hacia el año siguiente 2017 o en el mejor de los casos hacia 2018, pero el resultado sería, sin duda, muy similar.

En el momento del déficit la reserva se eleva a alrededor de 1,800 millones de dólares, así que a pesar del déficit el Sistema de Beneficio Definido o Solidario sigue cubriendo los egresos correspondientes al pago de jubilados. Sin embargo, como resulta imposible que se reduzca el déficit sino más bien que se eleve porque cada vez son menos los cotizantes y más los jubilados, aproximadamente en el año 2025 o 2026 pero no más allá del 2027 se termina la reserva. Ese año el Seguro Social tendrá el compromiso de pagar casi 900 millones de dólares en pensiones, pero no tendrá en ese fondo ni un solo centavo.

Para el año 2032 la Caja de Seguro Social tendrá la responsabilidad de desembolsar 2,300 millones de dólares. Habrá acumulado ese año un déficit de 12,347 millones de dólares. Esto es un 20% del Producto Interno Bruto del 2017. A un crecimiento promedio de 6% en el Producto Interno Bruto (PIB), la Caja de Seguro Social tendrá que desembolsar un 2% del PIB de ese año aproximadamente.

Hay que tomar en cuenta que la parte numérica debe acomodarse a la filosofía del sistema de jubilación en lugar de acomodar la filosofía a los números.

Quienes afirman que son los actuarios los que deben definir los pasos a seguir para la reforma del sistema consideran que es el contralor de la empresa el que debe dictar la estrategia. Los actuarios son contadores que dan insumos para poder tomar decisiones, pero es la junta directiva la que define las pautas en este caso la sociedad que es propietaria del Seguro social.

IX. CÓMO RESCATAR SU ADMINISTRACIÓN

El cambio en la dirección general de la Caja de Seguro Social, e inclusive en los representantes de los gremios en la Junta Directiva, como era de esperarse, no denota mayor variación en las condiciones del servicio a los asegurados. Muchos directores han ocupado el cargo y desde el momento de sentarse hasta su triste despedida han acudido a responsabilizar a administradores anteriores de su mala ejecución. La ciudad de la salud ya cumple diez años del inicio de su construcción y seguimos escuchando escusas. No se nota avance en el mejoramiento de la atención al asegurado y asegurada, es porque otras son las medidas que deben tomarse para rescatar esta institución.

Inicio afirmando que esa situación no se resuelve con el aumento de la burocracia estatal. Mucho menos colocando a un político en lugar de un administrador independiente. No termino de entender cómo organizaciones que insisten en que el estado debe reducirse a su máxima capacidad, al momento de presentar medidas proponen elevar la burocracia.

Dividir la caja en dos instituciones sería aumentar a dos directores, dos subdirectores un número plural de directores, asesores, secretarias, guardaespaldas, mensajeros, oficinistas y activistas políticos. Los problemas de la Caja no se van a resolver duplicando la burocracia que al contrario debe tender a reducirse. El asunto del programa de Invalidez, Vejez y Muerte (IVM) no requiere una institución aparte. Prueba de ello es que se desarrolló la discusión al respecto el sistema de pensiones en 2005 y ahora, casi quince años después no se ha vuelto a tocar. En ese tiempo los funcionarios se aburrirían y terminarían dedicándose a la política para procurar permanecer en sus puestos con el siguiente gobierno. Este es un problema que se resuelve con una dirección técnica operativa dentro de la Caja de Seguro Social.

Les recomiendo a los que tendrán que tomar las futuras decisiones que no se dejen absorber por aquella atractiva discusión de si debemos aceptarle a los padres un máximo de dependientes por lo que el tercer o cuarto niño de un padre deberá ser rechazado al llegar por ayuda médica al Seguros Social, explicándole al niño cortésmente que esto se debe a que su padre es un irresponsable, algo que probablemente el niño ya sabe porque no le paga a la madre la pensión de manutención a la que está obligado.

Tampoco debe dejarse atraer por la vieja discusión de si es el estado el que subsidia la Caja porque desembolsa centenares de millones para el programa de administración y aporta parte al IVM, o si es la Caja la que subsidia al estado por atender a los dependientes que son responsabilidad del gobierno central y al colocar sus fondos en bancos estatales que le pagan una bicoca, con lo que financia al gobierno central.

Hay que recordar además que la onda privatizadora terminó hace casi diez años con la crisis financiera internacional. En EE. UU. uno de cada 4 asalariados son empleados públicos. La General Motors, la fábrica de automóviles más grande del mundo pasó en un 60% a manos del gobierno de los Estados Unidos. El sindicato mantenía antes de ser vendida por deficitaria el 32% de las acciones, el gobierno norteamericano con 33%, el gobierno de Canadá 12%. El mundo no tiene esa tendencia y Panamá no puede ir a contramano. Tampoco es la tendencia hacia la total estatización, ni hacia administraciones tipo Grecia, Brasil, Argentina o Venezuela. Entonces la sobriedad debe ser el elemento fundamental.

El problema principal actual es la escasez de medicina, hacia eso debe apuntarse, ya que por dicha no se ven conflictos sindicales por el momento, por lo que no hay que abanicarlos. Cualquier economista estará de acuerdo que ante la escasez se elevan los precios y se crea el mercado negro. En el caso del Seguro Social esto se traduce en:
Sobre demanda de medicinas: Pacientes que acumulan medicamentos por temor a no disponerlos al momento de necesitarlos.

Contrabando de medicinas: Se crean redes para sacar medicinas y venderla en el mercado negro elevando la escasez.

Estos males se reducen cuando los demandantes saben que dispondrán del medicamento al momento de necesitarlos. Se deben entonces tener una serie histórica del volumen de demanda de las medicinas críticas. Luego establecer mecanismos de concurso sobre la base de la precalificación técnica. Aquí es donde se define si el genérico es los suficientemente bueno o si el que tiene la marca original es el único aceptado. Estas discusiones deben ser públicas.

Luego se desarrolla el concurso con compromiso de entrega parcial a futuro sobre la base del mejor precio en presencia y aval de la Contraloría para que no tome meses su definición final y el pago a tiempo.

Los demás problemas administrativos que son muchos deben atacarse sobre la base de un análisis serio, evitando las decisiones por impulso y prescindiendo de la utilización de solo el sentido común como herramienta de decisiones estratégicas.

Los cambios en la administración de la Caja de Seguro Social, como es de esperarse, no han mostrado una variación significativa en las condiciones del servicio a los asegurados. Es porque otras son las medidas que deben tomarse para rescatar esta institución. Inicio afirmando que esa situación no se resuelve con el aumento de la burocracia estatal. Mucho menos colocando a un político en lugar de un administrador independiente.

De ninguna manera considero pertinente la elevación de la burocracia estatal como medida administrativa conveniente. Por el contrario, considero que la burocracia estatal, Caja de Seguro Social incluida, en lugar de elevarse debe reducirse. Dividir la caja en dos instituciones sería aumentar a dos directores, dos subdirectores, un número plural de directores, asesores, secretarias, guardaespaldas, mensajeros, oficinistas y activistas políticos. Los problemas de la Caja de Seguro Social no se van a resolver duplicando la burocracia que al contrario debe tender a reducirse.

El asunto de la crisis del programa de Invalidez, Vejez y Muerte (IVM) a mi juicio, no requiere una institución aparte. Prueba de ello es que la última vez que se desarrolló la discusión al respecto del sistema de pensiones, fue en 2005 y ahora, más de doce años después, no se ha vuelto a tocar el tema. En ese tiempo los funcionarios se aburrirían y terminarían dedicándose a la política para procurar permanecer en sus puestos con el siguiente gobierno. Este es un problema que, dado su impacto en el conjunto del país, se resuelve con una discusión de los actores de la sociedad involucrados y su ejecución es mediante una dirección técnica operativa dentro de la Caja de Seguro Social.

Les recomiendo a los que tendrán que tomar las futuras decisiones, que no se dejen absorber por aquella atractiva discusión de si debemos aceptarles a los padres de familia un máximo de dependientes. No creo conveniente establecer que el tercer o cuarto niño de un mismo cotizante deberá ser rechazado al llegar por ayuda médica al Seguro Social, explicándole al niño cortésmente que esto se debe a que su padre es un irresponsable al tener tantos hijos, algo que probablemente el niño ya sabe porque no le paga a la madre la pensión de manutención a la que está obligado.

Tampoco debe dejarse atraer por la vieja discusión de si es el Estado el que subsidia la Caja de Seguro Social, porque desembolsa centenares de millones para el programa de administración y aporta parte al IVM, o si es la Caja de Seguro Social la que subsidia al Estado, por atender a los dependientes de los asegurados. que son responsabilidad del gobierno central y al colocar sus fondos en bancos estatales que le pagan una bicoca, con lo que financia al gobierno central.

Hay que recordar además que la onda privatizadora terminó hace casi diez años con la crisis financiera internacional. En EE. UU. uno de cada cuatro asalariados son empleados públicos. La General Motors, la fábrica de automóviles más grande del mundo pasó en un 60% a manos del gobierno de los Estados Unidos. Actualmente el sindicato mantiene el 32% de las acciones, el gobierno norteamericano con 33% y el gobierno de Canadá 12%. El mundo no presenta esa tendencia y Panamá no puede ir a contramano. Tampoco es la tendencia hacia la total estatización, ni hacia administraciones tipo

Grecia, Brasil, Argentina o Venezuela. Entonces la sobriedad debe ser el elemento capital.

El problema principal actual es la escasez de medicina, hacia eso debe apuntarse, no se ven conflictos sindicales por el momento, por lo que no hay que abanicarlos. Cualquier economista estará de acuerdo que ante la escasez se elevan los precios y se crea el mercado negro. En el caso del Seguro Social esto se traduce en: sobre demanda de medicinas, pacientes que acumulan medicamentos por temor a no disponerlos al momento de necesitarlos, contrabando de medicinas, se crean redes para sacar medicinas y venderlas en el mercado negro elevando la escasez.

Estos males se reducen cuando los demandantes saben que dispondrán del medicamento al momento de necesitarlos. Se debe entonces tener una serie histórica del volumen de demanda de las medicinas críticas. Luego establecer mecanismos de concurso sobre la base de la precalificación técnica. Aquí es donde se define si el genérico es lo suficientemente bueno o si el que tiene la marca original es el único aceptado. Estas discusiones deben ser públicas.

Luego se desarrolla el concurso con compromiso de entrega parcial a futuro sobre la base del mejor precio, en presencia y aval de la Contraloría General de la República, para que no tome meses su definición final y el pago a tiempo.

Los demás problemas administrativos que son muchos, deben atacarse sobre la base de un análisis serio, evitando las decisiones por impulso y prescindiendo de la utilización de solo el sentido común como herramienta de decisiones estratégicas.

En la parte administrativa creo que se inicia la resolución con dos acciones directas:

La creación de lo que en administración se denomina un "crisis crew" o un grupo que atiende directamente y se enfoca en resolver el problema de la crisis, especialmente de medicamentos. La demanda se exacerba al existir una crisis de desabastecimiento, pues lleva a los usuarios a solicitar medicamentos para aprovisionarse más de lo necesario, por si luego no lo consiguen. Adicionalmente el desabastecimiento generalmente hace surgir el mercado negro.

La creación de una oficina de defensoría del asegurado con rango de subdirección, para que los asegurados presenten sus quejas de mala atención de cualquier funcionario del Seguro Social.

Existen programas muy avanzados que permiten calcular eficientemente los niveles de inventario para evitar un sobre inventario de medicamentos que luego se conviertan en productos vencidos que hay que descartar y evitar también el desabastecimiento. De todos seguramente el SAP es el más avanzado. Correcto, el mismo que utiliza actualmente el Seguro Social.

El asunto es que no solo se necesita del programa de informática. Para que un programa de computadora sea eficiente debe recibir la información correcta y relevante, así como contar con los analistas instruidos para que dé como resultado las estadísticas convenientes para la eficiencia de la empresa, ya sea pública o privada. A la vez necesitamos los administradores con el conocimiento de estos aspectos relevantes para tomar las mejores decisiones. Si no se cuenta con estas variables el sistema, con lo avanzado que es, resulta obsoleto.

En lo relativo a las variables económicas, un estudiante de primer semestre de economía sabe que ante la escasez los agentes económicos acaparan productos para evitar el desabastecimiento. Así, los cotizantes del Seguro Social ante la certeza que sus medicamentos se van a agotar tienden a abastecerse más allá de sus necesidades por el temor de no contar con el remedio al momento de necesitarlo.

Sería posible entonces o bien un copago por mínimo que sea para desmotivar el acaparamiento o bien un incentivo que pudiera ser que aquella parcela de los aportes del asegurado que no fueron consumidos del programa de Enfermedad y Maternidad pasen a engrosar el monto del desembolso del asegurado al momento de jubilarse.

Tiendo a convenir en la segunda medida ya que solicitar un copago tendría graves consecuencias por el rechazo unánime de los asegurados. En cambio, un incentivo en lugar de un castigo siempre es más conveniente para crear motivación. De nuevo, el asunto es que se requiere para esto un sistema informático eficiente y la seguridad de que no habrá posibilidad de que funcionarios inescrupulosos, en colusión con asegurados, debido a la falta de certeza del castigo, se involucren en la manipulación de las cifras.

Esta medida para desmotivar el uso prolijo del programa de enfermedad es una medida creativa ya utilizada en Singapur. En este país, a pesar de que los sistemas de salud y de jubilación están separados, igual que el nuestro, al momento del retiro del asegurado, el monto de lo depositado y no utilizado en el programa de enfermedad se puede adicionar al monto de la pensión y desembolsarse dentro del saldo del depósito.

Eso nos lleva a que si un asegurado no ha utilizado o utilizado poco el programa de salud le beneficia al momento del retiro, lo cual desmotiva su utilización exagerada ya que su uso sensato tendrá un beneficio concreto al asegurado.

Esto puede también tener un componente solidario, o sea que el asegurado recibiría en su pensión una parcela, no la totalidad de lo desembolsado y no utilizado del programa de salud, pero un monto que sea atractivo. No sugiero tampoco que se entregue la totalidad al momento de la jubilación. ni que pase a la parte individual del sistema mixto, sino que se transfiera al desembolso periódico, por el tiempo que instituya las expectativas de vida, para evitar una afectación del flujo de efectivo de la institución de seguridad social

Un elemento adicional surgido como colofón, es el nuevo escándalo por malversación de al menos 300 millones de dólares de los pagos de cuotas obrero-patronales. Este desfalco multimillonario se realizó mediante componenda entre algunos funcionarios y empresarios que manipularon la información para dejar de pagar las cuotas correspondientes y aparecer como si hubieran sido pagadas, causando una lesión patrimonial adicional a la institución de seguridad social. Se vincula al menos a 14 empresas en este delito.

A esto se agrega el pago de coimas por la adquisición del programa SAP comprado por la institución. En este caso hay varios investigados. En los Estados Unidos ya existen confesiones por parte de empleados de la empresa, quienes admitieron en tribunales haber pagados coimas en Panamá por la aprobación de un contrato del orden de los 15 millones de dólares y recibieron su castigo en los tribunales competentes de aquel país. Se conoce que se pagó al menos el 1% en coimas distribuidas entre un número plural de funcionarios durante el gobierno de Ricardo Martinelli.

La Caja de Seguro Social ha sido históricamente saqueada, en parte debido al problema general de impunidad que existe en nuestro país, en donde definitivamente no hay certeza del castigo, por lo que los delincuentes, especialmente los de cuellos blanco, nunca reciben el castigo por sus fechorías con la consecuente complicidad de algunas autoridades.

En la década del ochenta se dio el primer gran escándalo con el denominado "Programa colectivo de viviendas". Este desfalco multimillonario obligó al gobierno de turno a entregar a los asegurados la segunda partida del decimotercer mes previamente destinada a este programa.

Luego vino el escándalo del jarabe dietilenglicol en el año 2006. Después de algunos escándalos menores surge el de las coimas por la compra del programa SAP. Ahora, en 2018 se pierden literalmente más de 300 millones por un desfalco por colusión entre empleados de la Caja de Seguro Social y empleadores corruptos.

Podemos colegir superficialmente que la cultura de la corrupción es la razón de estos escándalos. Yo creo que es la falta de institucionalidad y la ausencia de certeza del castigo las responsables de la práctica consuetudinaria de enfrentarnos a escándalos consecutivos en la Caja del Seguro Social.

No podemos resolver el problema de impunidad del conjunto de muchos años de la sociedad panameña, pero podemos iniciar ahora, aquí, en la Caja de Seguro Social.

X.   SISTEMA SOLIDARIO: PROPUESTA

Ya hemos reiterado que el problema de la crisis del sistema de pensiones se debe a que existen dos sistemas de pensiones: el Sistema de Beneficio Definido o Solidario que se extingue alrededor del año 2060 y el Sistema Mixto que en ese periodo se apodera de todo el sistema paulatinamente.

El Sistema Mixto cada vez tiene más dinero en su reserva y más cotizantes, mientras el Sistema Solidario cada vez tiene menos reservas porque se reducen sus aportantes y más desembolsos porque se jubilan más cotizantes. Esto por un periodo mientras se llega al punto de inflexión en que van desapareciendo cada vez más jubilados de este programa y se retira el último jubilado.

En 2018 los depósitos de los jubilados del sistema antiguo, el solidario, empezarán a ser menores que los desembolsos otorgados a los actuales jubilados por lo tanto inicia el déficit, donde tendrán que utilizarse los fondos de la reserva. Entre el 2026 y el 2027 se agota la reserva. El problema es establecer la fuente de los fondos para pagarle a los jubilados de este Sistema cuyo último sobreviviente, de acuerdo con las proyecciones, se espera fallezca en el 2062.

Nuestra proposición es que el déficit lo pague el Estado, como corresponde cuando modificas un sistema de pensiones. Para esto debe iniciarse un aporte cuyos montos no necesitan ser tan altos que compliquen el presupuesto nacional. En el 2032, por colocar un ejemplo, deben desembolsarse a los jubilados del Sistema Solidario alrededor de 3,600 millones de dólares.

Sin embargo, recordemos que, en el otro sistema, el Sistema Mixto, sus primeros cotizantes iniciaron en 2006, por tanto, sus primeras jubiladas entraran a cobrar en el 2027. Todo este tiempo el Sistema Mixto estará robusteciendo sus arcas por los aportes de sus jóvenes cotizantes. Al momento del mayor desembolso del Sistema Solidario ya quebrado, el Sistema Mixto tendrá alrededor de 20,000 millones de dólares en sus reservas.

Cuadro 3
Evolución Financiera del Sistema Solidario de la Caja de Seguro Social
Propuesta de Financiamiento
2013-2062

	2013	2014	2015	2016	2017	2018	2019	2020	2021	2022
Ingresos	1,270	1,334	1,341	1,371	1,399	1,418	1,432	1,440	1,445	1,444
Egresos	1,199	1,265	1,328	1,394	1,496	1,577	1,666	1,768	1,870	2,017
Diferencia	71	69	13	-23	-97	-159	-234	-328	-425	-573
Aporte del estado (ley 51)	140	140	140	140	140	140	140	140	140	140
Diferencia con aporte	211	209	153	117	43	-19	-94	-188	-285	-433
Reserva	1,794	2,003	2,156	2,273	2,316	2,297	2,203	2,015	1,730	1,297
Aporte adicional Estado							400	424	449	476
Préstamo Sistema mixto							700	742	787	834
Nueva reserva							3303	4281	5232	6109

Fuente: Elaborado por Felipe Argote con cifras de la Unidad Técnica Especializada en Finanzas de la Caja de Seguro Social de 2013

Cuadro 3 cont...

	2023	2024	2025	2026	2027	2028	2029	2030	2031	2032
Ingresos	1,435	1,423	1,383	1,367	1,352	1,331	1,306	1,275	1,240	1,202
Egresos	2,135	2,265	2,402	2,544	2,738	2,897	3,062	3,233	3,408	3,636
Diferencia	-700	-842	-1,019	-1,177	-1,386	-1,566	-1,756	-1,958	-2,168	-2,434
Aporte del estado	140	140	140	140	140	140	140	140	140	140
Diferencia con aporte	-560	-702	-879	-1,037	-1,246	-1,426	-1,616	-1,818	-2,028	-2,294
Reserva	1,857	1,155	276	-761	-2,007	-3,433	-5,049	-6,867	-8,895	-11,189
Aporte adicional Estado	505	535	567	601	638	676	716	759	805	853
Préstamo Sistema Mixto	884	937	993	1,053	1,116	1,183	1,254	1,329	1,409	1,493
Nueva Reserva	6,938	770	681	617	507	432	354	270	185	52

Fuente: Elaborado por Felipe Argote con cifras de la Unidad Técnica Especializada en Finanzas de la Caja de Seguro Social de 2013

Mi propuesta es que el estado inicie a depositar desde ahora en el fondo solidario para cubrir la jubilación de las generaciones víctimas del cambio de sistema. Estos aportes, que deben iniciar con 400 millones aproximadamente el primer año, no serán suficientes, por tanto, propongo que el Sistema Solidario le solicite y reciba un préstamo del fondo del Sistema Mixto con los patrimonios necesarios para completar los pagos de las jubilaciones, a una tasa de interés de mercado, lo cual le será conveniente al Sistema Mixto para elevar estos fondos al momento de requerirlos sus jubilados.

Cuadro 3 cont...

	2033	2034	2035	2036	2037	2038	2039	2040	2041	2042
Ingresos	1,435	1,148	918	735	588	470	376	301	241	193
Egresos	3,272	2,945	2,651	2,386	2,147	1,932	1,739	1,565	1,409	1,268
Diferencia	-1,837	-1,797	-1,732	-1,651	-1,559	-1,462	-1,363	-1,264	-1,168	-1,075
Aporte del estado	140	140	140	140	140	140	140	140	140	140
Diferencia con aporte	-1,697	-1,657	-1,592	-1,511	-1,419	-1,322	-1,223	-1,124	-1,028	-935
Reserva										
Aporte adicional Estado	904	959	1,016	1,077	1,142	1,210	1,283	1,360	1,441	1,528
Préstamo Sistema mixto	1,583	1,266	1,139	0	0	0	0	0	0	0
Nueva Reserva	842	1,409	1,973	1,539	1,262	1,150	710	415	267	264
pago a sistema mixto						500	530	562	596	631
pago acumulado						500	1,030	1,592	2,187	2,819

Fuente: Elaborado por Felipe Argote con cifras de la Unidad Técnica Especializada en Finanzas de la Caja de Seguro Social de 2013

Cuadro 3 cont...

	2043	2044	2045	2046	2047	2048	2049	2050	2051	2052
Ingresos										
Egresos	1,014.2	811.4	649.1	519.3	415.4	332.3	265.9	212.7	170.2	136.1
Diferencia	-1,014.2	-811.4	-649.1	-519.3	-415.4	-332.3	-265.9	-212.7	-170.2	-136.1
Aporte del estado	140.0	140.0	140.0	140.0	140.0	140.0	140.0	140.0	140.0	140.0
Diferencia con aporte	-874.2	-671.4	-509.1	-379.3	-275.4	-192.3	-125.9	-72.7	-30.2	3.9
Reserva										
Aporte adicional Estado	1,619.6	1,716.7	1,819.8	1,928.9	2,044.7	2,167.4	2,297.4	2,435.2	2,581.4	2,736.2
Préstamo Sistema mixto	0.0	0.0	0.0	0.0	0.0	0.0	0.0	0.0	0.0	0.0
Nueva Reserva	378.2	754.4	1,262.1	1,848.3	2,461.3	3,048.8	3,555.4	3,920.0	4,073.6	3,936.7
pago a sistema mixto	669.1	802.9	963.5	1,156.2	1,387.5	1,665.0	1,998.0	2,397.6	2,877.1	3,452.5
pago acumulado	3,487.7	4,290.6	5,254.1	6,410.3	7,797.8	9,462.8	11,460.7	13,858.3	16,735.4	20,187.8

Fuente: Elaborado por Felipe Argote con cifras de la Unidad Técnica Especializada en Finanzas de la Caja de Seguro Social de 2013

Esto permite cubrir los fondos necesarios sin mayor trauma hasta el año 2062, con aportes que nunca llegarán a ser iguales al 2% del PIB en un país en donde el presupuesto estatal es del 40% del PIB. Por tanto, el aporte del estado, si siguen las mismas proporciones, no será mayor, en el momento de mayor desembolso, del 2% del presupuesto estatal.

Recordemos que las cifras son proyectadas en base a números reales de la Unidad Técnica

Especializada en Finanzas de la Caja de Seguro Social de 2013. Ya deberían estar disponibles las cifras auditadas y el cálculo actuarial de la Junta Técnica Actuarial establecida por la ley 51, pero esta Junta no funcionó por la totalidad de sus miembros no fueron nombrados. Pero aun cuando estuvieron nombrados los anteriores no emitían juicio aduciendo que los estados financieros no estaban rubricados por la Contraloría General de la Republica que debía auditarlos.

Cuadro 3 cont...

	2043	2044	2045	2046	2047	2048	2049	2050	2051	2052
Ingresos										
Egresos	1,014.2	811.4	649.1	519.3	415.4	332.3	265.9	212.7	170.2	136.1
Diferencia	-1,014.2	-811.4	-649.1	-519.3	-415.4	-332.3	-265.9	-212.7	-170.2	-136.1
Aporte del estado	140.0	140.0	140.0	140.0	140.0	140.0	140.0	140.0	140.0	140.0
Diferencia con aporte	-874.2	-671.4	-509.1	-379.3	-275.4	-192.3	-125.9	-72.7	-30.2	3.9
Reserva										
Aporte adicional Estado	1,619.6	1,716.7	1,819.8	1,928.9	2,044.7	2,167.4	2,297.4	2,435.2	2,581.4	2,736.2
Préstamo Sistema mixto	0.0	0.0	0.0	0.0	0.0	0.0	0.0	0.0	0.0	0.0
Nueva Reserva	378.2	754.4	1,262.1	1,848.3	2,461.3	3,048.8	3,555.4	3,920.0	4,073.6	3,936.7
pago a sistema mixto	669.1	802.9	963.5	1,156.2	1,387.5	1,665.0	1,998.0	2,397.6	2,877.1	3,452.5
pago acumulado	3,487.7	4,290.6	5,254.1	6,410.3	7,797.8	9,462.8	11,460.7	13,858.3	16,735.4	20,187.8

Fuente: Elaborado por Felipe Argote con cifras de la Unidad Técnica Especializada en Finanzas de la Caja de Seguro Social de 2013

Cuadro 3 cont...

	2053	2054	2055	2056	2057	2058	2059	2060	2061	2062
Ingresos										
Egresos	-108.9	-87.1	-69.7	-55.8	-44.6	-35.7	-28.5	-22.8	-18.3	-14.6
Diferencia ingreso y egreso	-108.9	-87.1	-69.7	-55.8	-44.6	-35.7	-28.5	-22.8	-18.3	-14.6
Aporte del estado	140.0	140.0	140.0	140.0	140.0	140.0	140.0	140.0	140.0	140.0
Diferencia con aporte	31.1	52.9	70.3	84.2	95.4	104.3	111.5	117.2	121.7	125.4
Reserva	0.0	0.0	0.0	0.0	0.0	0.0	0.0	0.0	0.0	0.0
Aporte adicional del estado		0.0	0.0	0.0	0.0					
Préstamo del sistema mixto	0.0	0.0	0.0	0.0	0.0	0.0	0.0	0.0	0.0	0.0
Nueva Reserva	515.3	568.2	638.5	722.7	818.1	922.4	1,033.9	1,151.0	1,272.7	1,398.1
Pago a sistema mixto	3,659.6	3,879.2	0.0	0.0	0.0	0	0.0	0	0	0

Fuente: Elaborado por Felipe Argote con cifras de la Unidad Técnica Especializada en Finanzas de la Caja de Seguro Social de 2013

La solución consiste en cubrir el déficit del Sistema de Beneficio Definido hasta que se extinga, a la vez establecer un mecanismo para que el Sistema Mixto permita una jubilación mínima digna ya que un 30% del último salario es absurdo y nos lleva por el camino de Chile.

Los montos de las pensiones de este Sistema Mixto serán muy por debajo del monto de las pensiones del Sistema Solidario o de Beneficio Definido si no se hacen modificaciones sustanciales al sistema casi individual actual. Esto es así porque resulta matemáticamente imposible que los aportes individuales sean mayores o iguales a los aportes individuales más los aportes de la generación posterior.

CAJA DE SEGURO SOCIAL: LA SOLUCIÓN FINAL. FELIPE ARGOTE

XI.   MEDIDAS PARA EVITAR EL COLAPSO

La propuesta que presento es que la brecha que resulta por el hecho que una generación sigue aportando al viejo sistema para mantener las pensiones de los actuales jubilados, pero ha sido desamparada por la siguiente generación, que no aporta a este sistema porque el suyo es casi individual, debe cubrirse por los fondos del Estado.

A mi juicio, aunque estos aportes del Estado se consideren como un aporte solidario de las nuevas generaciones a las anteriores, yo no lo percibo de esa manera. Simplemente desde una perspectiva financiera, las generaciones futuras no encontraron al país en medio de una selva virgen. Lo recibieron con carreteras, puentes, vías de acceso, un metro terminado y otro en construcción que cruzan la ciudad por encima de los techos de las casas, que se incrustan en túneles donde modernas estaciones soterradas construidas por espectaculares tuneladoras transportan a los usuarios cómodamente en escaleras eléctricas, como en las películas del futuro. Adicionalmente, la actual generación que esta pronta a jubilarse, entregará a las futuras generaciones un Canal recuperado a base de sacrificio, sangre y sudor, adicional a un par de modernas exclusas, más anchas que las construidas por la mayor potencia económica de la historia. Unas esclusas que permiten el paso a los super tanqueros, construido a una elevada inversión por la presente generación. Este Canal, una empresa multimillonaria muy rentable, con utilidades netas por encima de los 1,500 millones de dólares en el 2017 y aumentando por año, en operación eficiente, no tenemos por qué donársela como herencia gratuita.

Las futuras generaciones aportando a los jubilados actuales y los que están prontos a jubilarse en los próximos años, pagarían una parte ridícula de los millonarios activos que les entregamos. Por tanto, los aportes del Estado, depositario de los impuestos destinados para cubrir este déficit, están plenamente justificados.

Sobre los montos necesarios para cubrir el déficit del Sistema Solidario a extinguirse en los próximos decenios, estos son muy elevados. No basta el aumento de la eficiencia de los fondos actuales ni de las reservas. El aumento de la edad de jubilación de los que quedan aportando, quienes son las mayores víctimas del cambio de sistema, no cambiará un ápice la situación financiera de la Caja de Seguro Social. Tan solo en el año 2032 se calcula que el Seguro Social desembolsara en jubilaciones la cantidad de 3,600 millones de dólares. Esto es más del 5% del Producto Interno Bruto (PIB) de nuestro país en el 2017.

Entre el 2025 y el 2032 el monto a desembolsar, sin que haya fondos para hacerlo, será de más de 23,000 millones de dólares. (Ver cuadro 3) Esto es el 30% del PIB de 2017. Es más que todo el presupuesto de inversión del actual gobierno en sus cinco años.

No hay forma que la Caja de Seguro Social cubra este monto de su flujo de caja. Pero la buena noticia es que existe una solución financiera viable.

Cuando el Sistema Solidario se quede sin fondos, el Sistema Mixto tendrá una reserva de aproximadamente 14,000 millones de dólares. Esto porque desde 2006 están aportando los nuevos cotizantes de este sistema, pero la primera jubilada, en caso de que no haya variación en la edad de jubilación, lo hará en el 2027 y el primer hombre en 2032. Este sistema no solo tendrá fondos, sino que debido a que la mayor parte de sus fondos son individuales y por tanto no cuenta con el componente solidario, requieren de altos niveles de rentabilidad para elevar hasta donde sea posible sus fondos al momento del retiro.

Esto es lo que pasa naturalmente con los fondos de pensiones, por eso en los países donde existen fondos individuales estos patrimonios, incluidos en los denominados fondos mutuos, se colocan en inversiones de alta rentabilidad, pero también de alto riesgo, sucediendo regularmente que estos grupos de inversiones pueden quebrar, por colocar los fondos en inversiones de alto riesgo. Sería conveniente entonces para el fondo mixto prestar parte de su dinero, a una buena tasa de rentabilidad, al fondo solidario lo cual diluye los desembolsos del estado durante un mayor periodo a la vez que le es conveniente a los depositantes del fondo individual.

En mi propuesta el fondo mixto prestaría al fondo solidario a partir del año 2019 (ver cuadro 3) un monto de 700 millones de dólares con un aumento anual del 6 por ciento. El Estado, en este caso, desembolsaría adicionalmente a lo establecido en la ley 51 del año 2006, un monto de 400 millones de dólares en el 2019 con igual aumento del 6 por ciento anual.

Mediante este mecanismo la reserva, que debe terminarse en 2025, sobreviviría con un límite inferior en el 2032 de apenas 52.2 millones. A partir del año 2033 las reservas aumentarían y ya en el 2038 el Estado iniciaría a pagar de las reservas en superávit al Sistema Mixto con monto inicial de 500 millones de dólares con aumentos anuales de 6 por ciento.

Siguiendo lo mostrado en el mismo cuadro 3, los pagos al Sistema Mixto terminarían de desembolsarse en el año 2054 aproximadamente.

En este momento el fondo del Sistema Mixto no solo habría recuperado sus fondos, sino que habrá recibido los intereses que permitan elevar los montos individuales al momento de su jubilación.

Vale decir que estas cifras, aunque muy cerca de las reales, no son números exactos. Estuvimos tentados a esperar las cifras reales auditadas y el informe actuarial de la Junta Técnica. Sin embargo, perdimos las esperanzas de recibir estos números a corto plazo, ya que la última auditoría se realizó en el 2012 y por el hecho de confirmar que la Junta Técnica Actuarial es inoperante porque no se nombraron todos sus actuarios hasta 2017. De acuerdo con la Procuraduría de la Administración todo análisis actuarial debe ser firmado por la totalidad de sus miembros o no será aplicable.

Ante la apatía de las autoridades y los involucrados, incluyendo las víctimas, he decidido publicar esta propuesta que sin embargo no se aleja en mucho de las cifras reales ya que se basan en proyecciones realizadas por la Unidad Técnica Especializada en Finanzas de la Caja de Seguro Social.

Es evidente que la proyección es lineal. Con cifras más precisas se podría establecer desembolsos más eficientes en momentos de mayor ingreso y viceversa.

La idea es crear conciencia de la gravedad de la crisis y evitar, hasta donde sea posible, que los involucrados, a fin de no salir de su zona de confort, pendientes como están de las próximas elecciones, evadan el tema.

Igualmente, los partidos políticos, que, si bien utilizarán estas cifras para engrosar su rosario de problemas existentes para denunciarlos, lo cual no resulta difícil de elaborar, sin embargo, se abstienen de presentar propuestas de solución, temerosos de perder votos. Al momento de ser cuestionados, utilizarán ajustes paramétricos tales como subir la edad de jubilación o elevar las cuotas de la población asegurada. Históricamente, los partidos políticos al evaluar estos problemas de las jubilaciones lo enfrentan con lo más simple, que es son las medidas paramétricas. Esto no se atreven a decirlo antes de las elecciones. En este periodo se dedican solo a recoger los problemas más sentidos en la población sin llegar a proponer una respuesta al fondo de los problemas. Una vez ganada las elecciones, entonces se contrata a una firma consultora internacional para que le elabore, entonces sí, el plan estratégico para cumplir con la ley. Este plan permanecerá en una gaveta el resto del periodo presidencial.

Mi propuesta es que el estado inicie a depositar desde ahora en el fondo solidario para cubrir la jubilación de las generaciones víctimas del cambio de sistema. Estos aportes, que deben iniciar con 300 millones aproximadamente el primer año no serán suficientes, por tanto propongo que el sistema solidario le solicite y reciba un préstamo al fondo del Sistema Mixto con los fondos necesarios para completar los pagos de las jubilaciones a una tasa de interés de mercado, lo cual le será conveniente al Sistema Mixto para elevar estos fondos al momento de requerirlos sus jubilados.

Esto permite cubrir los fondos necesarios sin mayor trauma hasta el año 2062, con aportes que nunca llegarán a ser iguales al 2% del PIB. Por tanto el aporte del estado, si siguen las mismas proporciones, no será mayor, en el momento de mayor desembolso, del 5% del SPNF.

Pero el problema de pensiones es sistémico por eso la propuesta incluye:

Una jubilación mínima digna. Propongo una base del 60% del salario mínimo.

Ajuste automático cada dos años al mismo porcentaje de aumento de salario mínimo después de 2 años de jubilarse en parte solidaria.

Eliminar el descuento de enfermedad y maternidad a mayores de 65 años. Eso suma 24 millones por año aproximadamente.

Cobrar a independientes 5% de sus ingresos para integrarse al sistema.

Cobrar a menores de 30 años 5% de ingresos de pequeños emprendimientos con derecho a pedir préstamos un año después de haberse inscrito para mejorar su empresa.

El estado paga 10% aproximadamente de los ingresos del Seguro Social pero todo se destina a administración. Debe destinarlo a IVM y que el seguro pague su administración. Así debe haber reducción de gastos con la presión de jubilados ya que no lo paga el estado.

Esto se paga con parte del aporte por enfermedad y maternidad y el de riesgos profesionales que ambos tienen superávit suficiente para pagar la administración.

El Sistema Mixto tiene el problema de una tasa de remplazo de 30% Esto significa que los jóvenes del mixto recibirán cuando se jubilen 30% de sus mejores 10 años.

Mi propuesta es que en lugar de solo destinar a solidario lo aportado sobre los primeros 500 dólares se aporte hasta dos salarios mínimos. Así todo aquel que ganen hasta dos salarios mínimos aportaran el 13.5% del salario. Lo que se aporte por encima pasa al fondo personal.

Adicional debe establecerse que el Seguro Social a partir del 2025 no pagará del fondo solidario a nadie que esté trabajando. Todos tendrán derecho al trabajo hasta que quieran o puedan pero el seguro no está obligado a pagar del fondo de los demás asegurados.

El fondo personal si podrá pagarse después de la edad de jubilación aun a aquellos que sigan

CAJA DE SEGURO SOCIAL: LA SOLUCIÓN FINAL. FELIPE ARGOTE

trabajando según las proporciones establecidas en función de la esperanza de vida.

El fondo personal será heredado según los disponga el dueño del fondo no según lo dispone el Seguro Social como está ahora.

Todo aquel que tenga un alto nivel de vida solo recibirá del fondo solidario lo que haya depositado más los intereses. En cuanto se agote su aporte se suspenden los pagos.

Finalmente propongo convertir el actual fondo de cesantía en un seguro de desempleo trasladando los fondos de cesantía actualmente en bancos privados hacia el Seguro Social.

XII SOBRE VENTA DE $1,100 MILLONES DE SEGURO SOCIAL

En enero de 2020 fui convocado por el director de la Caja de Seguro Social para ser parte de una comisión de alto nivel ad honoren a fin de evaluar escenarios alrededor del tema de la insostenibilidad del sistema de pensiones de la Caja de Seguro Social, específicamente el Sistema Solidario del programa de Invalidez, Vejez y Muerte. Recordemos que la insostenibilidad del Sistema Solidario tiene relación directa con la creación de la ley 51 que dividió el programa de pensiones en Solidario y Mixto.

En síntesis el Sistema Solidario siguió funcionando con los asegurados que hoy tienen más de 48 años y el mixto con los más jóvenes quienes solo aportan $67.50 mensual al Sistema Solidario y el resto a su cuenta personal. Esto significa que los mayores de 48 años están poniendo dinero a un fondo solidario que se gasta en pagar a los actuales jubilados pero los más jóvenes no están aportando para pagar las jubilaciones de los mayores. Adicional, en la medida que se trata de un fondo personal la experiencia en otros países es que los del fondo mixto o sea los más jóvenes solo recibirán al jubilarse el 30% de su salario.

En 2019 publiqué la primera edición de ese libro: "Caja de Seguro Social el Colapso Final" donde presenté una propuesta para hacer sostenible los sistemas sin aumento de edad de jubilación y sin aumento de cuotas. No era responsable tener una propuesta para resolver esta crisis publicada en donde no se necesitan aumento de edad de jubilación ni cuota y luego no tener la responsabilidad de ser parte de una Comisión que supuestamente estudiaría las propuestas. El día 21 de enero fuimos presentados ante los medios de comunicación junto con los demás comisionados y comisionadas. Ese fue el único momento es que participé de esa comisión. Luego de esto no fui convocado ni me fue solicitada opinión alguna sobre el tema.

Supe que la junta directiva discute mecanismos para lograr liquidez para cubrir las pensiones. He leído una nota en donde se explica todo un procedimiento para llegar a la conclusión que es necesario vender algunas inversiones por $1,100 millones para lograr la liquidez necesaria para pagar las pensiones este año 2020. Aclaro que según las cifras actuariales la crisis de pensiones seria efectiva en 2023. Entonces no se trata de insolvencia sino de problemas de liquidez. Aclaro que en todo este proceso que ahora se informa nunca fui parte, ni se me informó de esta situación de liquidez. Adicional recordemos que la Junta Directiva de la Caja de Seguro Social solo ha hecho público los estados financieros hasta el 2017.

En la medida que no tengo ningún documento que me acredite formalmente como comisionado, no requiero ningún documento para renunciar a la Comisión de Alto Nivel. Sin embargo hice público mi desarraigo de cualquier comisión gubernamental que analice y proponga medidas alrededor del tema.

Insisto en mi posición que el sistema de pensiones funcionará solo cuando los jubilados y jubiladas puedan vivir de su pensión dignamente, no cuando exista un balance financiero como muchos afirman sin tomar en cuenta las consecuencias sociales. Los jubilados deben contar con un ingreso mínimo digno y deben establecerse ajustes automáticos a sus pensiones de acuerdo con el aumento del costo de la vida, ya que producto de la inflación su poder adquisitivo se reduce. Adicional considero que en este momento a los jubilados y jubiladas mayores de 65 años se le debe eliminar la deducción en su pago del seguro social. Igualmente me parece negativo la división del Seguro Social en dos entidades que duplicará la burocracia y rechazo cualquier intento de privatización directa o velada de la seguridad social ya que ha tenido consecuencias negativas en donde se ha aplicado.

En Panamá la precaria situación de los jubilados es más trágica ya que se trata de la generación que expuso su vida para recuperar nuestro canal, que es la razón fundamental por la que somos uno de los tres países con mayor ingreso per cápita en Latinoamérica y sin embargo no ha sido beneficiada. Por el contrario la mayor parte de los panameños y panameñas al jubilarse entran a formar parte de la población por debajo del índice de pobreza ya que somos el sexto país con peor distribución de la riqueza en el planeta.

La posibilidad de unir los programas puede parecer una medida conveniente y tal vez sea respaldada por algunos sectores sindicales vinculados al partido de gobierno ya que es esta su aspiración, pero sin ser Albus Dumbledore les garantizo que luego de hacerlo dirán que la única forma de salvar al Seguro Social es mediante medidas paramétricas como elevación de la edad de jubilación y el aumento de cuotas.

Sobre la intención de vender las inversiones para recuperar efectivo me parece que es una medida desacertada ya que perderíamos más de 50 millones de dólares anuales. Eso suma casi lo mismo que lo que está invirtiendo el gobierno en entrega de bonos y bolsas de comida a todo el país.

XIII CONSIDERACIONES FINALES

En este momento histórico, cuando la humanidad vive la peor de las crisis económicas de la historia desde el surgimiento del Sistema Capitalista, en momentos como este en que el país asiste atónito a la elevación del desempleo a niveles históricos, en donde uno de cada cuatro trabajador y trabajadora estará desempleado. En este momento en que miles de empresarios ven desvanecerse entre las manos las empresas que creyeron haber consolidado para heredar orgullos a sus hijos y nietos, en este momento en que se desvanecen sueños esperanzas y agobia la presión de deudas que se acumulan ante la inmanencia de un gobierno de corte neoliberal que sigue sin elaborar un plan de rescate de personas y empresas. Ahora cuando el país que se ufanaba de estar entre los tres países más ricos del subcontinente latinoamericano, de ser considerado de ingresos altos, el país que cuadruplico su PIB per cápita en menos de 20 años, el país de los rascacielos en donde sin embargo un 20% de la población vive en pobreza, un 10% en pobreza extrema y 90% de la población indígena vive en un estado de apartheid, el solo mencionar la posibilidad de elevar los impuestos se presenta como una bofetada, como un escupitajo en el rostro de quienes observan escándalo tras escándalo de corrupción y mira estupefacto a políticos encumbrados en los partidos involucrados en narcotráfico.

No hablemos de la ausencia de sensibilidad ante los más de 250 mil desempleados y miles de empresarios arruinados, hablemos de lo absurdo de ir a contrapelo de la tendencia mundial de reducción de costos de impuestos tasas de interés 0 y desembolsos no retornables a trabajadores y pequeños empresarios en todos los países del mundo salvo el nuestro que se empeña tercamente a ser el último bastión del modelo neoliberal en el planeta tierra. Un aumento de impuestos es tan evidentemente perjudicial que resulta penoso tener que decirlo. Esto tendría como consecuencia hacer caer aún más en depresión la economía debido a la reducción del poder adquisitivo en momentos en donde el chok de demanda es uno de los mayores problemas que enfrenta una estrategia macroeconómica de recuperación del país.

En medio de este caos con un gobierno sin ninguna propuesta estratégica para recuperar la economía y al conscientemente ignorar las pocas propuestas que algunos economistas hemos presentado nos pega en el rostro como una puerta en retroceso la crisis de pensiones del Seguro Social. Lo que antes fue un solo problema ahora se transforman en tres:

El problema de flujo para pagar lo actuales desembolsos debido que los pagos esperados para este año al Seguro Social no están llegando por la crisis de la covid 19, por tanto parte de los activos no líquidos como bonos existe la posibilidad de tener que convertirlos en efectivo.

El problema del sistema de pensiones en su componente solidario que tendría que hacer crisis en 2023 y hoy debido a la pandemia es posible que haga crisis mucho antes de lo calculado.

El problema que nadie quiere mencionar que es la tasa de sustitución del sistema de pensiones en su componente mixto que se calcula que será de apenas el 30% del último salario.

El primer problema es fácil resolverlo mediante la utilización de los fideicomisos para lo cual es necesario el audito de los estados financieros por parte de la Contraloría.

Es segundo y muy grave es ocasionado por haber dividido mediante la ley 51 el viejo sistema solidario en dos sistemas: el mixto en el cual entraron los menores de 35 a partir de la promulgación de la ley 51 de 2005 con un año de intermedio que fue el 2006. Todos aquellos menores de 48 están en este sistema que es casi individual. Actualmente son el 70% de la Población Económicamente Activa. Por defecto solo los mayores de 48 están en el sistema solidario viejo. Como consecuencia de esta división los últimos de la fila del sistema solidario están poniendo dinero que pagar las erogaciones que se están entregando a los actuales jubilados pero detrás de ellos, los de menor edad están poniendo a su propio fondo individual. Esta consecuencia lógica que en otros países se resolvió desde el primer momento con aportes estatales los ideólogos de la ley 51 dejaron esta parte sin resolver, posponiéndolo a que fueran resueltos por otros gobiernos.

El tercer problema es que al recibir como pensión los inscritos en el Sistema Mixto alrededor de un 30% del último salario muy pocos podrán jubilarse. La primera mujer de este sistema llegará a la edad de jubilación entre 2027 y 2028. El primer hombre entre 2032 y 2033.

Algunos calculan que los actuales jubilados con estas variables tan solo aportan el 33% de lo que reciben si trabajan 25 años. Por corolario para recibir lo que reciben ahora que es insuficiente tendrían que trabajar 50 años.

Esto significa que las mujeres deben iniciar a cotizar a los 7 años y los hombres a los 12 años. También es posible dentro de esta lógica elevar el aporte de los actuales 13,5% del salario a 27% del salario. Por supuesto que los siete años nadie está en condiciones de aportar a la jubilación, por lo que una profesional que estudie cinco años después de graduarse de secundaria e inicie a trabajar inmediatamente se tendrá que jubilar a los 73 años. Para lograr entonces una jubilación medianamente atractiva tendrá que fallecer lo más pronto posible después de jubilarse a la edad establecida por los actuarios.

XIV PROPUESTA FINAL

El sistema de pensiones lo define la sociedad: si el país cree que está obligado a sustentar a sus ancianos que dejaron su vida construyendo este país considerado de altos ingresos o si cree igual que los antiguos vikingos que se debe hacer el aestteptup esto es obligarlos a saltar de un precipicio para que dejen de ser una carga.

Plantear que son los actuarios los responsables de dar la salida a la crisis de pensiones es un planteamiento mínimamente irresponsable. Los actuarios son contadores, no están ni de cerca en capacidad de presentar una estrategia país. Es como poner al contralor a decidir la estrategia de la empresa. Es probable que algunos actuarios se ofendan por este planteamiento, pero como me dicen que son solo siete, pues no serán muchas los detractores, por lo que asumo las consecuencias de ese enojo minoritario.

Yo creo que las nuevas generaciones no encuentran el país en una selva virgen. Todos los activos que encontraron no hay razón para pensar que deben recibirlos gratuitamente, solo porque fueron construidos por sus padres y abuelos. No podrán pagarlo todo, son muchos miles de millones en carreteras, puentes y un canal en operación, conquistado por la lucha de generaciones anteriores, responsable de al menos el 8% del PIB. Por eso tanto la sociedad como los jóvenes deben abonar a los ancianos parte de sus ingresos. No dudo que muy pocos estarán en contra de este planteamiento conocedor de la sensatez e inteligencia de nuestra juventud.

Creo que el país está en deuda con sus jubilados. Es una vergüenza ver a una señora de más de ochenta años sonando una paila en medio de la calle, luchando por un miserable bono de 100 dólares en el país de alto ingreso, alguien que fue parte de la generación que puso su vida en riesgo luchando para sacar de nuestro país a la mayor potencia económica y militar de la historia, que enfrentó a la mayor potencia nuclear con piedras, palos y la determinación de dejarle a las generaciones futuras un país libre. Esos ancianos y ancianas que vemos en las calles son responsables de la recuperación del canal, fuente del crecimiento económico del país, no es justo que la nación le haya pagado con el desdén y el desprecio, mientras unos pocos concentran la riqueza generada por su arrojo, su valentía y su patriotismo.

Debo aclarar que no estoy a favor del sistema solidario cómo funcionaba antes de la Ley 51 de 2005. No me parece que debemos pagar del aporte del trabajo de muchos panameños y panameñas pensiones a multimillonarios que llevan más de 20 años cobrando 10 veces lo que pusieron en el fondo de jubilación, porque son los que viven más años, ya que tienen una mejor calidad de vida y disfrutan de una muy superior atención de salud. Tampoco estoy de acuerdo que grupos de empleados públicos se hayan favorecido con jubilaciones diferentes al resto, jubilándose desde los 43 años con su último salario mientras muchos trabajadores de agotadora faena han tenido que trabajar hasta los 57 años las mujeres y 62 años los hombres. No me parece que haya quienes ganen altos salarios de asesores o profesores universitarios con poco esfuerzo y a la vez reciban 2,500 dólares de jubilación del aporte de obreros y empresarios mientras ganan otro jugoso salario en el estado. No estoy por el sistema individual porque ya hemos dicho que las generaciones posteriores deben abonar algo de lo que reciben del país, además nadie se puede jubilar con 30% del salario. Según los cálculos de quienes defienden este sistema individual, se tendría que aportar por 75 años para recibir lo mismo que reciben los actuales jubilados. Esto significa que se deben iniciar los aportes al sistema de jubilación desde los nonatos o los aportes deben ser el triple, esto es el 40.5% del salario por 25 años solo para percibir lo que ahora se percibe que se evidencia insuficiente para el retiro digno.

Abundan los análisis y elucubraciones sobre los inconvenientes que tienen los sistemas de pensiones, pero hay gran orfandad de propuestas de cómo solucionar el problema, salvo el viejo esquema de elevar la edad de jubilación hasta un día antes de la muerte o subir la cuota a niveles que resulta mejor estar desempleado o seguir en la informalidad. Por eso a riesgo de seguir en solitario presento la síntesis de una propuesta que tienen elementos de mayor complejidad que hemos ya tocado y otros que podríamos desarrollar la elucidación posteriormente.

PROPONGO:

Que se elimine el descuento del programa de enfermedad y maternidad a los jubilados mayores de 65 años que no se beneficien con el máximo monto que otorga el seguro social.

Que se establezca una pensión mínima digna para jubilados y jubiladas igual al 65% del salario mínimo del sector comercial.

Que se ajuste cada dos años el monto de jubilación en la misma proporción que el salario mínimo para que los jubilados no vean reducido su poder adquisitivo.

Que los aportes de los asegurados al sistema de pensiones hasta dos salarios mínimos se destinen al sistema solidario y el resto, si lo hay, pase al sistema individual.

Que los jubilados de altos ingresos solo reciban lo que aportaron más intereses generados. Los que actualmente lo cobran que le sean suspendidos de inmediato.

Que se modifique el sistema de fondo de cesantía y pase a ser un seguro de desempleo manejado por el Seguro Social.

Que aquel que cobre jubilación y entre a trabajar al servicio público o privado se le reduzca la pensión en proporción a las horas trabajadas.

Que todo aquel que siga trabajando en la empresa privada pague seguro social y no sea sujeto a cobrar como servicios profesionales.

Que todos los trabajadores de plataformas tecnológicas de transporte y reparto motorizado se les retenga el seguro social en la fuente y que las plataformas paguen su parte correspondiente.

Que se haga expedita y eficiente la forma de aporte de trabajadores independientes y profesiones liberales a la vez que se aplique la obligatoriedad so pena de sanción monetaria.

Que los jóvenes emprendedores paguen solo 5% de un salario mínimo como aporte al Seguro Social para cubrir el sistema de enfermedad y maternidad con la posibilidad de abonar a su pensión pagando 5% adicional.

Que luego de aportar por un mínimo de dos años sean sujetos a un programa de crédito muy blando a jóvenes emprendedores de los fondos del Seguro Social para sus emprendimientos.

Que lo correspondiente al sistema mixto cuando fallece el o la propietaria pase inmediatamente a los herederos que haya destinado el asegurado fallecido en las proporciones que decida y que no sea el Seguro Social el que determine a quien entregarla.

XV ASPECTOS RELEVANTES: LEY 51

1. Administración: Junta Directiva
   a. Tres miembros del gobierno. Dos con voto
   b. Un representante de los profesionales de la salud
   c. Tres representantes de los trabajadores
   d. Tres representantes de los empleadores
   e. Un representante de los jubilados
2. Director General nombrado por el Poder Ejecutivo de una terna propuesta por la Junta Directiva
3. Cuatro programas:
   a. Enfermedad y Maternidad
   b. Invalidez, Vejez y Muerte
   c. Riesgos Profesionales
   d. Administración

Cada uno de los programas tiene su financiamiento. La ley 51 establece taxativamente que no pueden moverse fondos de un programa a otro.

4. El total de los aportes a la Caja de Seguro Social es de 22% del salario entre la cuota del trabajador y el aporte de la empresa. Del total del salario de los asegurados el 13.5% se transfiere a los fondos de pensiones.
5. Aportes

a. En suma, son el 22% del salario, de lo cual se deducen del salario de los trabajadores el 9.75% mientras que los empleadores pagan 12.25% del salario que pagan.

b. Los trabajadores independientes deben pagar el 13.5% de sus honorarios anuales.

c. Adicionalmente existen descuentos al decimotercer mes de 10.75% de los patronos y 7.25% de los empleados.

d. También se aportan de otros ingresos como gastos de representación.

6. Para los programas de jubilación denominado de invalidez, vejez y muerte, se destina 9.25% del salario de los trabajadores y 4,25 de aporte de los empleadores para un total de 13.5% del salario.

7. Existen dos sistemas de jubilación

a. El Sistema de Beneficio Definido, que es el viejo Sistema Solidario.

b. El Sistema Mixto, creado por la ley 51.

8. Los inscritos en el Sistema Solidario son en general aquellos que en 2006 tenían 35 años o mas

9. Mientras que los del Sistema Mixto fueron en general lo que en 2006 tenían menos de

35 años y todos los que entraron al Seguro Social en 2007 y después de esa fecha

10. El total de los aportes hacia el sistema de Invalidez, Vejez y Muerte de los inscritos en el Sistema Solidario se van al fondo para pagar estas jubilaciones.

11. Sin embargo, en el Sistema Mixto los descuentos provenientes de los primeros 500 dólares de salario se van al Sistema Solidario y el resto se deposita en una cuenta individual. Esto es 67.50 dólares de aporte se destinan al Sistema Solidario.

12. Los que están en el Sistema Solidario, que hoy en general son los mayores de 48 años, para jubilarse deben cumplir 62 años los hombres y 57 años mujeres. Además, deben haber cotizado 240 cuotas. Esto es 20 años.

13. En el Sistema Solidario el cálculo de la pensión de jubilación tendrá como base el promedio mensual de salario de los 10 mejores años. La tasa básica será de 60% de este promedio.

14. Luego se sumarán 1.25 por ciento por cada año en exceso de los 20 años aportados y 2 por ciento adicional por los años por encima de la edad de jubilación si el beneficiario no decide no retirarse a la edad establecida.

15. Sin embargo, mujeres y hombres pueden retirarse dos años antes. Si se retiran un año antes renuncian a 0.0870% de su

pensión y si lo hacen 2 años antes renuncia a 0.1658% de su pensión.

16. Igualmente, aquellos que lleguen a la edad de jubilación, pero no han aportado los 20 años, siempre que tengan aportes por no menos de 15 años, se le aplicara el 60% de sus mejores 10 años, pero luego se divide los meses de aporte entre los 240 meses que representan los 20 años establecidos.

17. Estos igualmente pueden retirase anticipadamente reduciendo al monto resultante el mismo 0.087% si se retira un año antes y 0.1658% si se retira dos años antes de la edad de jubilación.

18. El monto mínimo de las pensiones es actualmente de 185 dólares.

19. El monto máximo de las pensiones será de 2,500 dólares siempre que el asegurado haya tenido un salario promedio mensual no menor de 2,500 dólares durante veinte años y haber cotizado durante 30 años.

20. Si el cotizante ha tenido un salario promedio mensual de 2,000 durante los quince mejores años y cotizado por 25 años puede tener un máximo de 2,000 de jubilación.

21. En estos últimos casos en lugar de que el salario base se tome sobre los 10 mejores años se tomará como base el salario promedio de los 15 o 20 mejores años según sea el caso.

22. Los cotizantes inscritos en el sistema de pensiones denominado Sistema Mixto tendrán los mismos requisitos de edad y cuotas que los del Sistema Solidario.

23. Los de este Sistema Mixto, ya que aportan cotización al Sistema Solidario sobre los primeros 500 dólares de salario, obtendrán el beneficio similar sobre esta parcela que los del Sistema Solidario o de Beneficio Definido.

24. Sobre los aportes destinados a su propia cuenta individual, al momento de su jubilación se toma el monto total depositado y se divide entre las expectativas de vida ya sea de los hombres o mujeres, luego se le aplica un cálculo de los intereses y se divide entre los meses que hay entre la edad de jubilación y las expectativas de vida de la población. Eso será lo que reciba el cotizante del Sistema Mixto.

25. Esta expectativa de vida será ajustada cada diez años, por tanto, el jubilado puede tener la noticia que recibirá menos dinero si la expectativa de vida se eleva como en general ocurre.

26. Si el jubilado del Sistema Mixto muere antes de lo esperado por cualquier causa, siendo que es un fondo propio, el monto restante pasa en su orden a la viuda, la concubina o en su defecto a los hijos menores de 18 años, luego a sus padres y

finalmente los hermanos menores de edad. De no existir ninguno de los anteriores, solo entonces, se tomará en consideración el sentir de la víctima de dejarlo a los herederos que él designe.

27. Se establece en la ley 51 la garantía de cobro vitalicio a aquellos que sobrevivan por encima de las expectativas de vida mediante el pago de un seguro colectivo que no se desarrolla en la ley.

28. La ley 51 crea la Junta Técnica Actuarial formada por tres miembros.

29. Esta junta debe informar a la Junta Directiva cuando las reservas contables sean inferiores a 2.25 por ciento del gasto anual.

30. De darse esto la Junta Técnica Actuarial deberá proponer recomendaciones.

31. Esto sucede desde 2013 sin que haya ni alerta, ni recomendaciones, ni Junta Técnica Actuarial.

32. Cada día que pasa se agudiza la crisis mientras los gobiernos, Juntas Directivas de la Caja de Seguro Social y directores del Seguro Social priorizan el costo político de enfrentar la crisis que la posibilidad de un trance que se lleve por delante el avance económico del país.

33. No hay margen para nuevas posposiciones, la actual situación es el resultado de evadir las responsabilidades inmediatas para con jubilados y jubiladas

que son justamente la generación que logró con su compromiso por la soberanía nacional la recuperación del canal que nos ha colocado entre los tres países con mayor ingreso per cápita del subcontinente.

XVI FONDOS DE JUBILACIÓN EN OTROS PAÍSES

Existen, como hemos visto, diferentes mecanismos de administración de fondos de pensiones

- El sistema original basado en solidaridad intergeneracional.
- El sistema en donde la jubilación se cubre como subsidio de vejez pagado por el estado a partir de las arcas públicas dependiendo de las necesidades del beneficiario.
- El sistema de capitalización individual.
- Los sistemas mixtos.

A mi juicio el menos ortodoxo, para evitar utilizar el término anárquico, es el sistema de pensiones panameño. Esto debido a las jubilaciones especiales, por un lado, la nula indexación o sea que el jubilado no tiene ajuste salarial por lo que su ingreso real baja en función del tiempo debido a la inflación y el hecho que los jubilados siguen insertos en el mercado laboral, lo que hace que la jubilación se transforme en un aumento en sus ingresos. La excepción no es que los trabajadores panameños se jubilen al momento de lograr la edad y se vayan a descansar. La regla es que siguen trabajando normalmente recibiendo un cheque de jubilación para cubrir sus deudas.

En los países desarrollados la edad de jubilación es más alta que en las economías llamadas emergentes, así mismo como la esperanza de vida, pero también la proporción de sus salarios que dedican al retiro es más alta, acorde también con sus niveles de ingreso muy superiores.

En todos estos países existe un mecanismo de aumento en las pensiones dependiendo de factores como el crecimiento de la economía, la inflación y el salario mínimo.

Hagamos un repaso muy superficial a los sistemas de pensiones de algunos países tanto desarrollados como subdesarrollados.

Alemania

En este país el estado desembolsa el 11 por ciento del Producto Interno Bruto (PIB) para cubrir las pensiones. Las cotizaciones son un 33% del salario. La edad de jubilación es a los 67 años. Las pensiones se pueden ajustar a la baja si la proporción entre pensionados y contribuyentes se eleva. La jubilación resulta en términos generales de aproximadamente el 50% del salario.

Italia

Existe un sistema solidario de pensiones. La edad de jubilación es de 57 años siempre que la reserva del sistema sea lo suficiente para pagar 1.2 veces la prestación social mínima. Las pensiones se elevan en función de la inflación. La jubilación es del 80% del salario. El aporte es 31% del salario.

Dinamarca

La jubilación se paga de los ingresos del Estado provenientes de los impuestos, sin embargo, dado que los desembolsos son muy bajos, los trabajadores pagan una pensión complementaria y otra de carácter voluntario. La complementaria es 3% del salario. La jubilación es el 65% del salario.

Francia

El periodo mínimo para lograr la jubilación es de 41 años de aporte. La edad de jubilación es de 63 años. Se ajusta la pensión en función de la inflación. Antes se ajustaba sobre el salario promedio. La contribución es 38% del salario. La jubilación es del 68% del salario.

Gran Bretaña

Dedica el 6.1% del PIB al pago de jubilaciones. Se requieren 30 años de contribución para lograr la pensión: La edad de jubilación se elevará hasta llegar a los 68 años. La tasa de sustitución o jubilación es del 40% del salario.

Singapur

Los aportes se colocan en tres cuentas separadas como en Panamá solo que una es de retiro, la otra es de gastos médicos y la tercera para adquirir vivienda.

La jubilación es a los 55 años. Al momento de jubilarse, el trabajador puede reordenar sus cuentas en una sola dependiendo del monto que ha utilizado y llevarla toda a su propio fondo de pensión.

Australia

Las pensiones se pagan con los impuestos y no dependen de los aportes, ni de los años de trabajo. Solo se toma en cuenta que se haya sido residente del país por 10 años. El aporte depende de los ingresos de los beneficiarios, por lo que aquellos que poseen un patrimonio suficiente para vivir no se les cubre la jubilación. Es pues un subsidio por vejez. La jubilación es aproximadamente el 58 % del salario.

Japón

En este país la jubilación se paga con los impuestos, por lo que recientemente se ha establecido un aumento de impuestos para costear el programa. La jubilación es del 38% del salario.

Estados Unidos

La jubilación es del 35% del salario. La contribución es del 12.4% del salario. A contramano de la tendencia mundial, en Estados Unidos la contribución de los asegurados al programa de jubilación en vez de subirse se bajó en 2012 a 10.4%. El argumento era para supuestamente crear un estímulo económico. El déficit actuarial era de 2.7% en 2012, último año publicado. El fondo se agota en 2033. Este año 2018 se restableció el 2% en que se había reducido la contribución de los asalariados al fondo de pensión.

China

El sistema de pensiones en China está en construcción a partir de diferentes sistemas en las 31 provincias. China pretende implementar un sistema de seguridad social único a partir del año 2020, tomando como base el sistema europeo. En las ciudades más avanzadas como Beijing y Shanghái, el sistema es el PAYG o *pay as you go,* en donde los cotizantes activos cubren en la totalidad a los jubilados. La transición es hacia un modelo en donde se establezca un fondo de pensiones clásico. La cotización es alrededor del 20% del salario y el 11% es una cuenta individual. Por la cultura china el jubilado es en su orden apoyado por la familia, luego la jubilación y tercero los ahorros personales. Actualmente existe un acuerdo de cooperación con la Unión Europea para deshacerse del viejo esquema maoísta en que la unidad de trabajo o *danwei* se hacía cargo de las necesidades de los miembros de la unidad. Existe una pensión básica de 900 yuanes o renmimbi mensuales. Esto es alrededor de 120 dólares.

Chile

Los chilenos desembolsan el 10% del salario a los fondos de pensión. Este sistema llamado exitoso por muchos preveía una tasa de sustitución del 70% del último salario. Actualmente no llega a la mitad. La razón es que los cálculos iniciales eran para una jubilación a los 65 años y expectativas de vida de 70 años. La jubilación actual es del 34% del salario con una edad de jubilación de 65 años. El estado dedica el 4% del PIB a pagar la transición del sistema solidario al de pensiones individuales. Adicional complementa con los impuestos de los ciudadanos las pensiones demasiado bajas para cubrir al menos la mitad de un salario mínimo. Esto es para cubrir a la generación que contribuyó al sistema solidario, pero no es apoyado por la generación siguiente. Generalmente cuando se habla de lo exitoso del sistema de pensiones chileno no se menciona que el estado está cubriendo a los quedaron fuera de cobertura, ni que la tasa de sustitución, esto es el porcentaje del salario que le toca a los jubilados, es extraordinariamente bajo. La OCDE ha recomendado aumentar el porcentaje de contribución y aumentar la solidaridad a partir de sacarlo de los impuestos de los contribuyentes.

México

Debe tener 65 años y 24 años de cotización. La proporción de la jubilación es de aproximadamente el 26% del salario.

134

España

La contribución es de 28%. La jubilación es 90% del salario. Se ajusta la pensión anualmente dependiendo de una serie de factores macroeconómicos del país. La edad de jubilación es de 65 años siempre que se haya aportado por 35 años 9 meses.

Brasil

La edad de jubilación en Brasil es de 56 años. La más baja de todas las estudiadas. Además, cuenta con un número plural de jubilaciones especiales. Los retirados reciben el 70 por ciento de su salario y se indexa con el salario mínimo. El estado invierte el 12 por ciento del producto interno bruto (PIB) en financiar pensiones.

Colombia

En este país la edad de jubilación es de 62 años con 25 años de cuota. El monto de la cotización es de 17% del salario.

Argentina

La jubilación es a los 65 años de forma obligatoria con 30 años de aportes. Se ajusta con el 70% de inflación y 30% de salario mínimo. Tiene un mínimo del 82% del salario mínimo.

Nicaragua

La jubilación es a los 60 años con 15 años de aporte. La tasa de sustitución es entre el 55% y el

72% del salario promedio. Los educadores se jubilan a los 55 años. Las empresas pagan 19% del salario y los trabajadores 6.25%. La reciente reforma elevó el aporte de las empresas a 22.5% y la de los trabajadores a 7%. Adicional reducía las pensiones en un 5%. Su aprobación llevó a una insurrección popular que se saldó con 30 muertos y la derogación de los ajustes.

Uruguay

Uruguay presenta un sistema de pensiones mixto en donde aportan 15% del salario. Para acceder a la jubilación se requiere un mínimo de 60 años y 30 años de servicio.

XVII ANÁLISIS DE OTROS PAÍSES

Existen una serie de variables que se utilizan en forma consuetudinaria para justificar medidas paramétricas, de cuentas individuales o para defender sistemas de reparto definido, tomando ejemplos de otros países. En cada estado en realidad existen variables adicionales, por lo que sería complejo compararlo en diferentes realidades.

Si bien en la mayor parte de los países europeos la edad de jubilación es mucho más alta que en nuestros países latinoamericanos, hay que tomar en cuenta que los niveles de vida, el sistema de salud y educación, así como en general el sistema de bienestar, está muy por encima de nuestros países subdesarrollados. Adicionalmente existen en el viejo continente un sinnúmero de programas de beneficios a la adultos mayores y elevados subsidios a diferentes segmentos de la población que no deben desecharse al hacer comparaciones entre países.

En Latinoamérica, cualquier cambio en el sistema de pensiones es muy cómodo para sus ideólogos porque al trazar una línea entre los del viejo sistema solidario y el nuevo de cuentas individuales, los del sistema nuevo tendrán que esperar muchos años para que los resultados se hagan efectivo. Esto es así en el caso panameño. La ley 51 de 2006 no estableció un mecanismo para cubrir la jubilación de la población en general mayor de 35 años en ese momento que seguían aportando al sistema solidario, por lo que ese componente financiero no se tomó en cuenta para el cálculo actuarial.

En el caso de Chile se habla de los éxitos del sistema porque solo se toma en cuenta si es o no sostenible. Generalmente no se quiere incluir que la tasa de sustitución, esto las cantidades en proporción de los salarios que le corresponden a los jubilados, es tan baja que el Estado ha incluido un pago adicional de las arcas públicas, para cubrir en parte la realidad que las jubilaciones no le alcanzan para vivir a los retirados. Esto adicional a los desembolsos del Estado a la generación que aportó, pero se quedó huérfana de aporte de la próxima generación, cuyo desembolso lo está cubriendo el estado con los fondos de los impuestos. Esto hace que la generación actual que paga impuesto de hecho está siendo solidaria con la generación anterior, aunque no sea consiente.

CUADRO 4 EDAD DE UBILACIÓN POR PAIS AÑO 2018		
PAIS	MUJERES	HOMBRES/MUJERES
Colombia	57	62
México	65	65
Chile		65
Guatemala		62
Honduras		65
Costa Rica		65
España	62	65
Alemania		67
Dinamarca		67
Italia		67
Holanda		67
Gran Bretaña		68
Irlanda		68
Brasil	51	54

Fuente: Elaboración propia con informacion oficial de los paises

Se necesitaría una matriz muy compleja para comparar lo conveniente o perjudicial de otros sistemas de jubilación, aunque nunca podrá eliminarse el aspecto ideológico, en donde los defensores del individualismo estarán por esquemas en donde cada cual decida sobre su futuro, mientras que los de tendencia colectiva estarán sin duda por esquemas solidarios. Igualmente, los que defiendan una nula participación del Estado en la economía, en contraposición de los que se adhieren a modelos económicos intervencionistas.

Lo cierto es que, en todos los países, sean desarrollados o subdesarrollados, el Estado termina aportando parte del dinero para cubrir los gastos de aquellos que terminaron su capacidad productiva. A mi juicio esto no es en realidad un subsidio, sino el pago por parte de las generaciones posteriores de los activos que deja la generación anterior y que disfrutan los más jóvenes.

En el caso panameño llama la atención que por disposición de la Corte Suprema de Justicia los jubilados pueden seguir trabajando y no se les puede despedir estableciendo como causal que se encuentran jubilados. Asistimos pues, a la observación de una realidad en que percibimos en muchas ocupaciones, especialmente de empleados estatales como profesores universitarios, que los miembros de la tercera edad permanecen en sus puestos disfrutando de una jubilación y a la vez ocupando su puesto de trabajo, a unas edades impresionantes, aunque su capacidad productiva se ve disminuida por su edad. A pesar de eso prefieren cobrar ambos salarios, el de la posición que ocupan en forma improductiva y el cheque de jubilación, cerrando de paso las posibilidades de ocupar posiciones a los más jóvenes.

El argumento legal de este fenómeno es el derecho al trabajo estatuido en la Constitución Política el cual, según la Corte Suprema de Justicia, no puede conculcarse por motivo de edad. Esto es una argucia a mi juicio que le quedaba muy conveniente a los propios magistrados.

Sobre esto, la decisión tiene su génesis en la denominada ley Faundes, una ley establecida en 1998 durante el mandato del presidente Perez Balladares, que obligaba a todo aquel que ostentaba un cargo público a jubilarse y salir del puesto a los 75 años. Esta ley fue recurrida ante la corte por supuestos vicios de inconstitucionalidad ya que cercenaba, a juicio de los recurrentes, el derecho al trabajo instituido por la Carta Magna.

Al establecer la Corte Suprema de Justicia que esta ley, cuyo objetivo era sacar del puesto al magistrado Jose Manuel Faundes, era inconstitucional, sirvió de base para que los jubilados no tuvieran que salir del trabajo, a pesar de estar pensionados, sobre todo en el sector público.

XVII CONCLUSIONES

Ningún sistema de pensiones es totalmente conveniente, ni el solidario puro, ni el de capitalización individual, ni el de subsidio por vejez.

En los extremos, el sistema solidario puro tiene como parte negativa la insostenibilidad establecida por el hecho que en función del tiempo la tendencia es que se prolongan las expectativas de vida por el constante avance científico, mientras la tasa de fecundidad se reduce.

En el otro extremo el sistema individual brinda bajas tasas de reemplazo, por tanto, los jubilados de este sistema no reciben el ingreso mínimo que requieren para sobrevivir. Esta situación nos lleva irremediablemente a que al final la sociedad dedique parte de los impuestos recuperados para otorgar bonos o subsidios solidarios, a fin de cubrir en parte los montos ridículos que los sistemas de capitalización individual brindan a sus jubilados. Esto es porque no hay forma matemática posible que una cuenta individual sea superior a una cuenta individual más los depósitos de la siguiente generación. Adicional a que la siguiente generación cobra con dólares actuales mientras que los jubilados cotizaron a dólares devaluados por la inflación de los años.

La discusión sobre las opciones de los fondos de jubilación siempre está, al final, determinada por la ideología. Mientras los ideólogos de las corrientes más individualistas siempre proponen la capitalización individual y que cada cual ahorre para su propio retiro, los de las corrientes más colectivistas establecen la necesidad de la solidaridad intergeneracional.

Yo creo que las generaciones posteriores deben colaborar con el retiro de quienes terminaron con su edad productiva. Si no cala el argumento humanitario de la solidaridad, pues digamos que las nuevas generaciones deben pagar por los activos que reciben de la generación anterior. No debe considerarse que están destinados a recibir graciosamente los activos como heredad automática, sin que lo definan los actuales propietarios de los activos. Me refiero a que las nuevas generaciones encuentran un país con carreteras, metros, puentes, un Canal muy eficiente y rentable construido y conquistado por las generaciones que empiezan a retirarse. De alguna manera deben pagar parte de estos activos. Al menos el valor agregado, ya que pagar la totalidad les resultaría financieramente imposible.

El sistema de pensiones panameño es el más ecléctico de los estudiados. Con el trauma adicional de que los ideólogos del Sistema Mixto no establecieron el mecanismo financiero para cubrir el déficit que evidentemente se iba a generar por el cambio de sistema.

Me parece interesante el sistema de Singapur que da la posibilidad que lo que no se gasta de los aportes del programa total de cotizaciones que en Panamá se elevan a 22% del salario, del cual el 13.5% del salario se van al fondo de pensiones, se pueda sumar a su jubilación. Esto significa que al contribuyente se le calculan los aportes a sus gastos médicos, los cuales se restan de los consumido por el asegurado. Lo que no se ha gastado del fondo de salud al momento de la jubilación, pasa a engrosar el fondo del jubilado, lo que permite que se desincentive el uso irracional del sistema de salud, ya que su uso diligente eleva el fondo de jubilación.

Este aporte intelectual no pretende dar una respuesta a todo el sistema de seguridad social en Panamá. Otros elementos deberán en este caso ser considerados para profundizar el análisis. Este es tan solo una salida a la crisis inminente del fondo colectivo que se calcula que hace crisis en el 2025. Las críticas son bienvenidas.

XVIII SINTESIS DE LA PROPUESTA

Hechos

- En la mayoría de los países existe crisis en el sistema de pensiones.
- Los países europeos desembolsan el 12% del Producto Interno Bruto (PIB) en cubrir jubilaciones.
- En EE. UU el sistema de pensiones hace crisis en el 2032.
- En Nicaragua se dio un levantamiento popular por esta causa con saldo de decenas de muertos.
- En España decenas de miles se manifestaron por ajuste a sus pensiones.
- En Panamá han existido escándalos consecutivos de desfalco en la Caja de Seguro Social.
- La ley 51 de 2005 intenta sacar al sistema de la crisis, subiendo los aportes y estableciendo el nuevo Sistema Mixto para nuevos cotizantes.
- Estas medidas de la ley 51, tan solo pospusieron la crisis, ya que nunca tomaron en cuenta los asegurados que se quedaron en el Sistema Solidario al final de la fila, quedando sin fondos al momento de jubilarse después de haber aportado toda su vida.
- El Sistema Mixto no está en crisis, pero la tasa de sustitución será muy baja.
- El Sistema de Beneficio Definido o Sistema Solidario hace crisis entre el 2025 al 2027.

Propuesta

- Establecer desembolsos anuales por parte del Estado para cubrir el déficit del Sistema de Beneficio definido o Sistema Solidario del Programa de Invalidez, Vejez y Muerte, iniciando con 400 millones de dólares en el año 2019, con aumento de 6% anual.
- Hacer un préstamo puente por parte del Sistema Mixto al Sistema Solidario a una tasa de interés razonable para cubrir el flujo de efectivo.
- El préstamo inicia con un monto de 700 millones de dólares en el 2019 con un aumento anual del 6%.
- El Estado seguirá con los desembolsos periódicos hasta que cancele el préstamo más los intereses. Esto ocurrirá aproximadamente en el 2052.
- Con este mecanismo la reserva más baja será en el 2032 que se reduce a 52.2 millones de dólares.
- Los montos, intereses, años de desembolso etc. dependerán del informe de la Junta Técnica Actuarial, que esperamos que se haga público lo más pronto posible.
- Modernizar el Sistema Mixto, pues a largo plazo tampoco será sostenible por la baja tasa de sustitución. Esto es por los bajos montos de los desembolsos que les corresponde a los jubilados.
- Variar el monto de los aportes destinados al fondo solidario que actualmente son los primeros 500 dólares. Cambiarlo a dos salarios mínimos.

- Suspender pago de jubilación a todos los jubilados que hayan cobrado lo que pusieron más sus intereses y disfruten de altos ingresos.
- Establecer un mecanismo en donde la baja utilización del Programa de Enfermedad y Maternidad pueda pasar al programa de jubilación si el asegurado no lo utiliza o lo utiliza poco.
- Este saldo del monto no utilizado se transfiere al retirado y se desembolsa en el periodo de vida del jubilado.
- Eliminación del descuento del programa de enfermedad y maternidad a los jubilados mayores de 65 años que no se beneficien con el máximo monto que otorga el seguro social.
- Establecimiento de una pensión mínima digna para jubilados y jubiladas igual al 65% del salario mínimo del sector comercial.
- Ajuste bianual del monto de jubilación en la misma proporción que el salario mínimo para que los jubilados no vean reducido su poder adquisitivo.
- Aportes de los asegurados al sistema de pensiones hasta dos salarios mínimos se destinen al sistema solidario y el resto, si lo hay, pase al sistema individual.
- Jubilados de altos ingresos solo recibirán lo que aportaron más intereses generados. Los que actualmente lo cobran que le sean suspendidos de inmediato.
- Que se modifique el sistema de fondo de cesantía y pase a ser un seguro de desempleo manejado por el Seguro Social.

- Aquel que cobra jubilación y entre a trabajar al servicio público o privado se le reduzca la pensión en proporción a las horas trabajadas.
- Que todo aquel que siga trabajando en la empresa privada pague seguro social y no sea sujeto a cobrar como servicios profesionales.
- Todos los trabajadores de plataformas tecnológicas de transporte y reparto motorizado se les retenga el seguro social en la fuente y que las plataformas paguen su parte correspondiente.
- Hacer expedita y eficiente la forma de aporte de trabajadores independientes y profesiones liberales a la vez que se aplique la obligatoriedad so pena de sanción monetaria.
- Jóvenes emprendedores pagarán solo 5% de un salario mínimo como aporte al Seguro Social para cubrir el sistema de enfermedad y maternidad con la posibilidad de abonar a su pensión pagando 5% adicional.
- Luego de aportar por un mínimo de dos años serán sujetos a un programa de crédito muy blando a jóvenes emprendedores de los fondos del Seguro Social para sus emprendimientos.
- Lo fondos individuales correspondientes al sistema mixto cuando fallece el o la propietaria pasará inmediatamente a los herederos que haya destinado el asegurado fallecido en las proporciones que decida mediante llenado de formulario que especifique los porcentajes que destina a cada uno de sus beneficiarios. Que no sea la Caja de Seguro Social sino el propietario de la cuenta

individual quien determine a quien entregar la herencia.

XIX BIBLIOGRAFIA

Ley 51 de 27 de diciembre de 2005, que reforma la Ley Orgánica de la Caja de Seguro Social y dicta otras disposiciones.

Informe de la Unidad Técnica de Análisis Financiero de la Caja de Seguro Social. Panamá. 2013.

Presentación de Guillermo Sáez Llorens en conversatorio de la Comisión de Entorno Macroeconómico de la APEDE. Panamá. 2013.

Presentación de Stevenson Girón en conversatorio de la Comisión de Entorno Macroeconómico de la APEDE. Panamá. 2015.

Banco Mundial Data. https://datos.bancomundial.org/

Instituto Nacional de Estadística y Censo. INEC. Data.

Pensiones de Seguridad Social en Estados Unidos: Desequilibrio Creciente y Soluciones Posibles. Carmelo Mesa-Lago. Distinguido Emérito en Economía, Universidad de Pittsburg. http://www.adapt.it/boletinespanol/docs/eeuu_mesa-lago_pensiones.pdf

Historia del Seguro Social http://www.css.gob.pa/historia.html

Reseña histórica de la seguridad social. http://www.css.gob.pa/seguridadsocial/Brochure%20de%20la%20Semana%20de%20la%20Seguridad%20Social.pdf

Crisis en Pensiones. Periódico El País. España. https://elpais.com/elpais/2018/03/02/opinion/152 0007509_774313.html

El sistema de pensiones en Chile se desmorona. NY Times. https://www.nytimes.com/es/2016/09/13/el-sistema-de-pensiones-de-chile-modelo-de-privatizacion-para-muchos-se-desmorona/

Que ocurre en Nicaragua. http://cnnespanol.cnn.com/2018/04/20/tres-muertos-por-protestas-en-nicaragua-que-ocurre-claves-para-entender-la-reforma-del-seguro-social/

China: reformas de la seguridad Social https://www.politicaexterior.com/articulos/econom ia-exterior/china-reformas-en-la-seguridad-social/

ANEXO

EL ESCANDALOSO INFORME ACTUARIAL DE LA CAJA DE SEGURO SOCIAL

He tenido acceso al informe de la Junta Técnica Actuarial de la Caja del Seguro Social presentado a la Junta Directiva y al poder ejecutivo.

Ya en la primera página se observa un exabrupto porque el artículo 218 de la Ley 51 establece que la Junta Técnica Actuarial debe presentar un informe a la Junta Directiva no al poder ejecutivo. Tendrían que definir los abogados si esto es extralimitación defunciones aunque la Junta Directiva tan celosa de su autonomía no dice nada sobre esto.

Pero esto es lo de menos. El informe en su resumen ejecutivo inicia advirtiendo que "este informe se preparó en base a los Estados Financieros de la Caja de Seguro Social de 2018 **_no auditados_** por la Contraloría General de la República".

Si el gerente del departamento de finanzas de una empresa me presenta un análisis de los Estados Financieros advirtiendo que no quisieron ser firmados por los auditores yo los despido ipso facto. Si mis estudiantes presentan un análisis de las finanzas de una empresa sin ser auditados los califico con una **F**.

CAJA DE SEGURO SOCIAL: LA SOLUCIÓN FINAL. FELIPE ARGOTE

Estos estados financieros son de 2018, hace más de dos años. Lo primero es que la Junta Directiva de la Caja de Seguro Social formada por cinco representantes del sector laboral, tres representantes de los empresarios, un jubilado y tres del gobierno debieron de inmediato preguntar al Contralor quien está sentado en esa Junta Directiva las razones por las cuales no se han firmado los Estados Financieros. No puede ser falta de tiempo porque se trata de Estados Financieros de 2018. Cuáles son las irregularidades? Luego la Junta Directiva debe ordenar la presentación y publicación del informe de los auditores de la Contraloría que se negaron a firmar los Estados Financieros.

Pero esto no es todo. Según el resumen ejecutivo de los actuarios entre 2006 y 2018 se contabilizaron "erróneamente" las cuotas del XIII mes que corresponden al sistema mixto en el sistema solidario. O sea desde que se aprobó la ley hace más de 15 años se vienen registrando mal y nadie en la junta directiva, ningún actuario, ningún director del Seguro Social se percató hasta ahora.

Pero esto no es todo. Según el mismo informe debido a la implementación de los sistemas Safiro, Sap y Sipe se registran ingresos por inversiones artificialmente por entre 114 millones y 241 millones. Primero el error en el registro de 127 millones de dólares y luego que los actuarios hagan un cálculo con un margen de error de 52%.

Me imagino un auditor que calcule un error en la utilidad de 52%.

Pero eso no es todo, lo que viene es más escandaloso. El informe actuarial presenta un resumen de fallas en la base de datos que toman para hacer su propuesta paramétrica. Veamos estas joyas.:

Aparecen registrados 116,305 asegurados que se desconoce el año en que se inscribieron. Pueden haberse inscrito hace un mes o hace 30 años. Esto representa el 10% de los registros.

Hay 1,505 cotizantes del sistema mixto con más de 275 cuotas. Esto son 23 años de cotización. No tendría que ser escandaloso si no fuera porque este sistema nació en el 2006 por tanto estos asegurados se inscribieron 9 años antes que existiera el sistema o bien se les están asignado cuotas que no han pagado.

Hay 111 cotizantes en el Sistema Solidario con más de 612 cuotas pagadas. Esto es que han pagado 51 años de cuotas y no se ha jubilado.

Pero eso no es nada. Según los actuarios hay cotizantes que tienen más de 120 años y no se han jubilado. Repito más de 120 años.

Hay 2,874 cotizantes que no se tiene la menor sospecha de cuando nacieron.

Hay 5,851 cotizantes mayores de 70 años que no se han jubilado

Aparecen 8,405 cotizantes en el Sistema Mixto que tienen más de 55 años cuando nadie mayor de 35 años en el 2007 podía están en este sistema.

Hay 4,840 cotizantes en el sistema solidario con menos de 27 años. Para que esto ocurra tenían que inscribirse en el Seguro Social a los 12 años de vida.

Pero si esto sorprende más sorpresa causa que según el informe actuarial en este momento hay en el Seguro Social 4,840 cotizantes que no han cumplido 15 años lo que significa que el Seguro Social está promoviendo el trabajo infantil.

Pero de todo este escándalo lo más indecoroso es que luego de mostrar este desgreño en Estados Financieros que la Contraloría no ha querido firmar luego de dos años trascurridos, los flamantes actuarios pagados por nuestras cuotas proponen campantes un ajuste en la cuota obrero patronal hasta del 18.5%, una edad de jubilación hasta de 67 años y una reducción en los pagos a los jubilados de hasta 20% menos de lo que hoy reciben, aunque afirman que es una solución temporal de 15 años.

Como economista, con una maestría en Finanzas, sé que estos exabruptos en los registros de asegurados deben tener consecuencias financieras muy graves. Si algo tan evidente como el registro del XIII mes en el sistema equivocado ha durado 15 años es indudable que una entidad con una sobrecarga de decisiones políticas, con miles de funcionarios sin funciones, esto es la punta del iceberg.

Una empresa con activos por $10,619,801,714 en el año 2018, con ingresos de $2,996,796,285 y pagos por $3,316,605,762 al año, con errores tan elementales y absurdos, debe tener situaciones muy graves al momento de estudiar aspectos financieros que ya no tienen que ver con la Junta Técnica Actuarial y que sospecho que tienen relación con que la Contraloría se ha negado a firmar su auditoria.

Ante este informe que presenta la evidencia de un manejo desordenado de esta institución del pueblo panameño me sorprende que ni la Junta Directiva ni ninguno de sus miembros haya denunciado este escándalo.

OTRAS PUBLICACIONES DE

DAJA EDICIONES

- **La Privatización del INTEL**. Felipe Argote. Primera edición. 1999.
- **El Elegido**. Daniel Argote. Primera Edición. 2003.
- **El Elegido**. Daniel Argote. Segunda Edición. 2011.
- **Cuarto Oscuro.** Felipe Argote. Primera Edicion.2001.
- **Cuarto Oscuro.** Felipe Argote. Segunda Edición 2011.
- **Historia de la Economía**. De los Mercantilistas al Modelo Neo keynesiano. Primera edición 2011.
- **Historia de la Economía**. De los Mercantilistas al Modelo Neo keynesiano. Segunda edición 2015.
- **Globalización**. Primera edición 2015.
- **Un Experimento llamado Tierra**. Felipe Argote. Primera edición. 2018
- **CAJA DE SEGURO SOCIAL EL COLAPSO FINAL**. Felipe Argote. Primera edición. 2018.
- **INSPIRACIONES POÉTICAS.** Rómulo Gorrichátegui. Primera edición. 2021

DE VENTA EN

www.amazon.com

Para adquirir cualquiera de estos libros
- **Buscar en Amazon: Felipe Argote**
- **Proceder a la compra ya sea por e-book (Kindle. Aplicación gratuita) o impreso en papel(paperback)**

Made in the USA
Columbia, SC
02 March 2021